rororo

MAX GOLDT

Räusper

Comic-Skripts
in Dramensatz

Rowohlt
Taschenbuch
Verlag

Inhalt

Vorbemerkung 7

Stets riskant: ein freier Stuhl 9

Der Trick mit dem Reis 13

Wüstenszene 19

Die alte Dame und der »Dame-Stein« 24

Dem Strauche wohnt was inne 30

Der Dreckskerl, der Pißfritz, die durchgeknallte Alte und die Jungs vom Streudienst 35

Die stolze lesbische Reckin, der Twink, der Bär und zum Schluß noch ein Fatty 40

Rasurüberfall! 45

Andreas 50

Besuch der Bonbonfabrikanten 55

Ein gelungener Antrittsbesuch 59

Erotikdreh im Zoo 65

Was tun mit süßen Holo-Leugnern? 69

Die luxemburgische Zwiebelrahmsuppe 74

Das schwere Sofa oder:
Auf dem Weg zur Stiftung Lesehemd 81

Konversation im Donald-Duck-Auto 85

Frischer Wind in der vorsorgenden Rechtspflege 90

Heiteres Berufe-Abraten. Heute: Ein scheußlicher
Beruf für kluge junge Frauen 101

Der vegane Kuchen 109

Die Emanzipation der Unbefugten 113

In einem unterfinanzierten Dinosaurierpark 120

Mitleid in alle erdenklichen Richtungen 125

Was so alles geschieht in der Carnaby Street … 130

Spröde ist nicht selten das Zusammensitzen 140

Der Rattenkönig 144

Ach, immer diese lästigen Interviews
mit der dummen Rockpresse! 151

Die Heranwachsenden
und die Handfeuerwaffen 155

Ursula Hübner 160

Ein lebensfrohes Fachgespräch kippt um 165

Erläuterungen zum Stand der Dinge 168

Vorbemerkung

Seit Ende der neunziger Jahre hat das Comic-Duo Katz und Goldt, dem ich als Szenarist angehöre, ein knappes Dutzend Comic- und Cartoonbücher veröffentlicht. Da deren Auflagen sich bislang in den bei diesem Genre üblichen Grenzen hielten, sind die Texte selbst unter denen, die sich als Kenner begreifen, nur vereinzelt bekannt.

Hin und wieder habe ich ins Auge gefaßt, die eine oder andere Szene für den Einsatz bei öffentlichen Lesungen umzurüsten, aber die Texte sperrten sich jedem Versuch, sie in eine dramatische Form umzusetzen – zumindest war das bis vor kurzem so. Doch offenbar sind meine Szenarien in den letzten Jahren geschmeidiger und knetbarer geworden. Die in diesem Buch versammelten Szenen aus den Jahren 2008 bis 2015 stellten sich meinen Bemühungen, sie in Dramolette umzuwandeln, nicht allzusehr in die Quere. Sie hatten auch nichts dagegen, zum Teil ganz anders zu beginnen, zu verlaufen, zu enden und im Umfang deutlich anzuschwellen.

Comic-Szenen unterscheiden sich von üblichen dramatischen Szenen, wie wir sie etwa aus Reclam-Heften

kennen, allein schon dadurch, daß in ihnen nicht nur gesprochen, sondern auch, dank Denkblasen und Denker-Denkblasen-Verbindungsbläschen, sehr viel gedacht wird.
Im Dramensatz gab es bisher kein Zeichen zur Markierung gedachter Passagen. Ich bat Martin Z. Schröder, eine solche Letter zu entwerfen und in diesem Band erstmals einzusetzen: ∘∘○

Warum das Buch »Räusper« heißt? Erstens, weil ich noch nie einen »Erikativ« als Buchtitel hatte, zweitens, weil sich die handelnden Personen in Katz-und-Goldt-Comics sehr viel räuspern – obwohl das Räuspern ein aus logopädischer Sicht stimmhygienisch bedenklicher Vorgang ist, dem man u.a. mit Joga-Übungen vorbeugen sollte –, und drittens, weil Dr. Erika Fuchs im Erscheinungsjahr dieses Buches, wie im Grunde genommen wir alle, mit Sicherheit irgendein rundes oder von mir aus auch unrundes Geburts- oder Todesjubiläum feiert.

Max Goldt, Juli 2015

Stets riskant: ein freier Stuhl

Ein mäßig besuchtes Restaurant. Eine Dame und ein Herr sitzen an einem Tisch mit drei Stühlen. Ein lockerer Typ steuert erschreckend selbstverständlich auf das Paar zu.

DER LOCKERE TYP Ist der Stuhl noch frei?

DER HERR *(ein wenig irritiert)* Frei? Ja, auf gewisse Weise ist er natürlich schon frei, aber …

DIE DAME *(äußerst irritiert)* In der DDR haben sich auch immer einzelne Leute zu anderen an den Tisch gesetzt bzw. sind sie dorthin »plaziert« worden, aber …

DER LOCKERE TYP *(sich einfach hinsetzend)* Danke! Ich sitze halt nicht gern allein an einem der vielen freien Tische. Schon gar nicht in einem so leeren, großen Lokal.

DIE DAME *(spitz)* Im Kino hat sich mal jemand in einer schwach besuchten Nachmittagsvorstellung einfach direkt neben mich gesetzt. Da bin ich aufgestanden!

DER LOCKERE TYP *(unbeeindruckt)* Würde ich im Kino auch machen. Aber im Restaurant unterhält man sich doch gern. Deswegen geht man doch essen. Sonst könnte man sich ja zu Hause irgendwas warmmachen.

Der Mann bestellt ein gebratenes Huhn, der lockere Typ einen rosa Cocktail mit Knickstrohhalm, und der Dame ist der Appetit vergangen. Das Tischgespräch ist vorerst erstorben. Die beiden Männer stört das nicht weiter.

DER LOCKERE TYP *(nach längerem Schweigen)* Ihr Mann sieht irgendwie süß aus beim Abnagen seines Hühnerbeins.
DIE DAME Wie meinen Sie das jetzt?
DER LOCKERE TYP Ich meine, Ihr Mann ist doch eigentlich einen Zacken zu hübsch für eine Frau wie Sie. Womit ich jetzt nicht sagen möchte, daß jeder unbedingt den zweifelhaften Idealen entsprechen muß, die wir von gefotoshopten Hochglanzmagazinen kennen. Tu ich ja auch nicht. Warum sollten Sie?

Der lockere Typ gefällt sich in kindlicher Weise darin, ein typisches, dem Verfasser nicht namentlich bekanntes Geräusch zu erzeugen, das entsteht, wenn man durch einen Strohhalm einen Getränkerest einsaugt. Die Frau kann kaum fassen, in was für eine Situation sie geraten ist, und ihr Mann nagt weltvergessen an der Hühnerkeule.

DIE DAME *(sich in dezidierter Leisheit an den Schlürfgeräusche verursachenden Typen richtend)* Ich möchte keineswegs wie ein Dampfhochdrucktopf rüberkommen, aber würde es Ihnen etwas ausmachen, sich schleunigst vom Acker zu machen?

DER LOCKERE TYP *(unbekümmert)* Aufs Klo muß ich immer erst, wenn ich zwei oder drei von den Dingern getrunken habe, wozu mir momentan aber die Kohle fehlt. Oder was genau meinen Sie mit »Acker«?

DIE DAME *(zu ihrem Partner)* Daniel, ich verstehe schon, daß du gerade sehr in dein geliebtes Bratgeflügel vertieft bist, aber könntest du dich mal in irgendeiner Weise zu dem verhalten, was sich hier gerade abspielt?

DER HERR Was spielt sich denn ab? Ich habe gerade nicht zugehört. Hat unser Mitbürger etwas Schlimmes gesagt?

DIE DAME *(explodierend)* Der hat gesagt, daß Männer, die so attraktiv sind wie du, normalerweise schönere Frauen haben!

DER HERR Haben Sie das wirklich gesagt? Ist das eine Anmache?

DER LOCKERE TYP In gewisser Weise schon. In einer anti-heteronormativen Gaststätte wird ein Mann doch einem attraktiven Herrn noch ein kleines Kompliment machen dürfen!

DER HERR Ach! Ist das hier eine anti-heteronormative Gaststätte? Wußte ich gar nicht!

DER LOCKERE TYP Steht draußen dran.

DER HERR *(zu seiner Begleiterin)* Lisa, ich habe hier noch mit meinem Hühnerbein zu tun. Könntest du vielleicht mal nachschauen, ob das wirklich draußen dransteht? Das wäre sehr sehr sehr sehr lieb von dir!

DIE DAME *(sich erhebend)* Okay! Mach ich dann halt mal. Wenn's denn dem Betriebsfrieden dienlich ist.

DER LOCKERE TYP *(den Herrn schwärmerisch beim Abnagen des Hühnerbeins betrachtend)* Ich finde es immer schön, wenn es einem Mann so richtig gut schmeckt! *(demonstrativ das Getränkerest-Schlürfgeräusch erzeugend)* Ich könnte, ehrlich gesagt, auch noch zwei oder drei von meinen Pinkies vertragen. Habe leider gerade Ebbe in der Kasse. Das sollte jetzt aber kein unangebrachter Wink mit dem Zaunpfahl sein! *(kichernd)* Naja, eigentlich doch!

DIE FRAU *(zurückkehrend)* Daniel, du wirst es nicht glauben: Es steht wirklich draußen dran.

DER LOCKERE TYP *(seinen Arm um den Herrn legend)* Na, denn …

DIE DAME *(wieder Platz nehmend)* Wenn's halt draußen dransteht! Drei Pinkies bitte!

Der Trick mit dem Reis

Vier »dynamische« junge Menschen, typische Business-Knechte, drei Männer, eine Frau, sitzen in einem indischen Restaurant und lassen bei munterem Verzehr den Tag ausklingen.

ERSTER MANN Wißt ihr, was ich glaube? Das ist der beste Inder der Stadt.

ZWEITER MANN Sagen alle.

DIE FRAU Stand sogar im Internet!

DRITTER MANN Das heißt ja nichts. Im Internet steht auch, daß Zwiebeln und Knoblauch giftig sind, weil sie Liliengewächse sind, und Lilien nun einmal giftig sind.

Unbeschwerte Feierabendkonversation also. Am Nachbartisch ein alleinstehender Herr, der interessiert lauscht. Doch zunächst zurück zur Feierabendkonversation.

ERSTER MANN Das mit den giftigen Zwiebeln ist gerade so eine Modemeinung.

ZWEITER MANN So wie die, daß Milch den Körper verschleimt.

DIE FRAU Also, ihr werdet lachen, aber ich habe eine Freundin, die hatte früher ganz schlimm Rheuma,

Asthma, Neurodermitis und Migräne, und die meint, seit sie keine Milch mehr trinkt …

DRITTER MANN *(den letzten Reis aus der Reisschüssel auf seinen Teller schaufelnd)* Wollen wir noch einen Reis bestellen? Oh, sorry, daß ich dich unterbrochen habe.

DIE FRAU *(durchaus gekränkt)* Schon okay.

ERSTER MANN Noch einen Reis fänd ich gut.

Der jungen Dame paßt es überhaupt nicht, daß keiner ihrer Begleiter wissen möchte, was mit dem Rheuma, dem Asthma, der Neurodermitis und der Migräne ihrer Freundin passiert ist, nachdem sie aufgehört hat, Milch zu trinken, und sie beginnt, sauertöpfisch dreinzublicken. Gottseidank passiert nun etwas.

DER HERR VOM NEBENTISCH *(sich umwendend)* Nehmen Sie doch meinen Reis! Ich schaff den nicht mehr!

Die vier Speisenden sind verlegen und verdutzt.

EINER Danke! Ist echt lieb gemeint.

DER EINZELNE HERR Ich meine, aus Umweltschutzgründen. Oder aus sozialer Gerechtigkeit! Das wird doch sonst an die Schweine verfüttert oder landet in der Sozialtonne für Geringverdiener!

ERSTER MANN Ist wirklich lieb gemeint!

ZWEITER MANN Ganz lieb gemeint!

FRAU Ist wirklich sehr, sehr lieb von Ihnen!

DRITTER MANN *(vom Wunsch durchdrungen, etwas anderes zu sagen, als daß das Angebot, er könnte den übriggebliebenen Reis aufessen, ganz furchtbar lieb sei)* Aber es hat doch möglicherweise gute Gründe, daß wir in Mitteleuropa nicht die Reste vom Nachbartisch essen!

EINZELNER HERR *(zornig)* Was heißt hier: wir in Mitteleuropa? Glauben Sie etwa, ich wäre aus Takatukaland? Und was heißt hier: Reste vom Nachbartisch? *(auf seinen Teller deutend)* Habe ich Ihnen etwa die Fischgräte hier angeboten?

ERSTER MANN Nein nein, um Gottes willen!

ZWEITER MANN Hamse nicht!

DRITTER MANN Hamse überhaupt nicht!

DIE FRAU Hamse sowas von überhaupt nicht!

DER WEITERHIN ENRAGIERTE EINZELNE HERR *(die Fischgräte emporhaltend)* Habe ich zu Ihnen gesagt: Nagen Sie mal meine alte Fischgräte ab?

EINER AUS DER RUNDE Wir sagten doch bereits, daß Sie das nicht gesagt haben!

EINZELNER HERR *(partout keine Ruhe geben wollend)* Und warum behandeln Sie mich wie einen Aussätzigen, der in den Reis geniest hat?

Er greift sich die Reisschüssel und tut so, als ob er hineinniest:

Hatschi!

Reicht den »vollgeniesten« Reis in Richtung Nachbartisch und ruft:

Guten Appetit!

Steht auf, hält sich die Reisschale an den Hintern und ruft:

Oder habe ich meinen Reis etwa mit Darmwinden nachgewürzt?

ERSTER MANN Um Gottes willen!
ZWEITER MANN Der arme Kerl! Hat wahrscheinlich keinen Menschen, der ihn mal knuddelt!
DRITTER MANN Oder ihm einfach mal ein Glas heiße Milch mit Honig neben den Computer stellt!
DIE FRAU *(immer noch gekränkt, weil niemand wissen wollte, was mit ihrer Freundin geschah, als sie mit dem Milchtrinken aufhörte, und daher vorwurfsvoll ihre Mitspeisenden anschauend)* Oder ihn einfach mal ein bißchen respektiert!
DER EINZELNE HERR *(entblößt sein Bein und schreit)* Oder habe ich ein ekliges Ekzem am Bein?
DIE FRAU Nein nein nein, das ist ein hochästhetisches Männerbein.
EIN ANDERER Stimmt wirklich! Können Sie ruhig

glauben, meine Kollegin hat einen Kennerblick in solchen Belangen.

DER AUFGEBRACHTE So! Ein hochästhetisches Männerbein habe ich also, aber meinen Reis wollen Sie nicht essen! Mir reicht es jetzt in puncto Demütigung! Ich verlasse dieses unwürdige Schauspiel. Schönen Tag noch.

Schnaubend verläßt der Herr mitsamt seinem hochästhetischen Männerbein die indische Gaststätte.

ERSTER MANN Uff!

ZWEITER MANN Puh!

DRITTER MANN Jetzt erstmal einen Ouzo! Oder wie heißt das bei Indern?

ERSTER MANN Raki!

ZWEITER MANN Ich glaube, Inder trinken Rum!

ERSTER MANN Die trinken gar nichts. Aus religiösen Gründen.

DRITTER MANN Ach was, die haben doch tausend verschiedene Religionen.

ERSTER MANN Tausend nicht, aber siebenhundert.

FRAU *(noch immer etwas »aggro«)* Du meinst, siebenhundert Sprachen.

DER KELLNER *(an den verlassenen Tisch des einzelnen Herrn tretend)* Der hat ja gar nicht bezahlt!

ERSTER MANN Das übernehmen wir schon!

ZWEITER MANN Klar machen wir das!

DRITTER MANN Das war einer, der nicht auf der Sonnenseite des Lebens steht! Ein armes Schwein, dem keiner ein Glas heiße Milch mit Honig neben den Computer stellt.

FRAU Vielleicht ist er als Kind von Nonnen mißbraucht worden. Wie heißt noch einmal das Kinderheim in Niedersachsen, wo neulich der Bericht drüber kam im Fernsehen?

ERSTER MANN Hab ich nicht gesehen.

ZWEITER MANN Ich auch nicht.

DRITTER MANN Die immer mit ihren Mißbrauchsnonnen jetzt überall.

> Zwei Straßen weiter, in einer nicht gerade uncoolen Cocktailbar, spielt sich nun aber folgende Szene ab:

DER EINZELNE HERR *(sich ins Fäustchen lachend)* Haha, diese medienmanipulierten Typen. Dachten wahrscheinlich, ich hätte Furchtbares durchlebt, wäre von Nonnen mißbraucht worden oder so. Wunderbar, wie das immer klappt. Durch den Trick mit dem Reis kann ich mir jetzt mehrere Cocktails in der superschicken, supersmarten, supershmooven Serge-Gainsbourg-Bar leisten und komme dabei vielleicht mit entsprechenden Schriftstellern und Musikern ins Gespräch.

Wüstenszene

(Die drei Stacheligen und die drei Unstacheligen)

Ohne jede Spur von Scheu und Schamgefühl prangt die Sonne am brutalblauen Himmel. Sie hat keinerlei Skrupel, ihre mißgünstige Visage zu präsentieren und ihre Stacheln, die von einfältigen Beobachtern als »Strahlen« bezeichnet werden, weit auszufahren. Und schon gar nicht ziert sie sich, ungnädige Kommentare abzusondern über alles, was in ihr Blickfeld gerät.
Im Wüstensand sieht sie einen Igel, der sich vorsichtig einem Kaktus nähert.

DIE BÖSE SONNE *(drauflosplappernd)* »Die Liebe ist ein seltsames Spiel«, sang einst Connie Francis, der ich nun auch schon seit 75 Jahren auf den Buckel scheine, was sie nicht daran hinderte, 275 Millionen Tonträger zu verkaufen. So schädlich scheinen meine Lichtstacheln also gar nicht zu sein. Da unten scheint sich auch ein seltsames Spiel anzubahnen. Aber ob's Liebe ist? Diese Frage wollen wir nur allzugern eingehend, räusper, »beleuchten«.

DER KAKTUS *(zum sich nähernden Igel)* Auch stachelig, wa?

DER IGEL *(skeptisch am Kaktus schnuppernd)* Der riecht fremd. Der ist anders. Der ist nicht von meinesgleichen.

DER KAKTUS *(zum sich enttäuscht davonstehlenden Igel)* Sie sind eine korrupte, technikfeindliche, antisemitische, bildungsferne, neoliberale und ehrlose Drecksau!

DER IGEL *(zurückkehrend)* Was haben Sie soeben gesagt? Als was bezeichnen Sie mich? Ich glaube, ich habe nicht richtig gehört!

DER KAKTUS Könnte allerdings durchaus sein, daß Sie richtig gehört haben. Ich habe nämlich einiges gesagt, was die reine Wahrheit ist! Und ich habe jahrelang den großen Idolen der sauberen Aussprache nachgeeifert, von Christiane Hörbiger über Dieter »Thomas« Heck bis zu Altpapst Ratzinger.

DER IGEL Dann haben sie mich also wirklich technikfeindlich genannt! Mann, das ist echt nicht fair. Wer hat denn hier aus Prinzip kein Handy, wer sagt denn immer: Was soll ich mit WLAN, und Mikrowelle ist für Leute, die Angst haben, daß ihnen die Pfanne auf die Pfüße pfällt, sorry, ich meine, auf die Füße fällt? Ich etwa?

DER KAKTUS Höchst witzig, Herr Mitbewerber in puncto Stacheligkeitsfragen! Wie soll mir denn eine Pfanne auf die Pfüße pfallen? Und was sollte ich hier in der Wüstenhitze in einer Mikrowelle erwärmen wollen?

DER IGEL Weiß ich doch nicht, was Sie in der Wüste erwärmen wollen!

DER KAKTUS Ja sagen Sie doch mal!

DER IGEL Vielleicht Ihren kalten Blick auf die Potentaten, die Sie als »Betthase der Mächtigen« mit Ihrem eitlen Gestachel anzulocken versuchen!

DER KAKTUS »Betthase der Mächtigen« hat noch niemand einen stolzen Kaktus genannt!

DER IGEL *(eingebildet)* Ist halt noch keiner auf die Idee gekommen vor mir!

DER KAKTUS Ich finde unsere Konversation einfach nur noch abwegig, einfach nur noch absurd, einfach nur noch total krank. Einfach nur noch, ach, ich weiß gar nicht mehr!

DER IGEL Doch da kommen schon drei Gestalten, die Sie mit Ihrem Betthasen-Getue beeindrucken könnten.

Es tauchen auf drei Schneemänner in Skelettkostümen. An ihren Kopfbedeckungen erkennt man sie als Abgesandte des Klerus, der staatlichen Macht und der Popkultur. Der dritte Schneemann, also derjenige, welcher die Popkultur repräsentiert, ist allerdings dreimal so groß wie die anderen beiden.

DER KAKTUS *(die Größenverhältnisse in zeittypischer Ignoranz gar nicht beachtend)* Sehen Sie! Die interessieren sich nicht die Bohne für mich! Alle drei nicht!

DER IGEL Das wundert mich nicht! Warum sollten sich drei Schneemänner auch für einen Kaktus erwärmen?

> Wie ferngesteuert gleiten die Schneemänner interesselos vorbei.

DER IGEL Wuff, ich meine wow! Drei Schneemänner in Skelettkostümen, die keine Lust auf Sex mit einem quengeligen Kaktus haben.

DER KAKTUS Wie Sie sehen, bin ich durchaus kein »Betthase der Mächtigen«! Sie selbst sind offenbar aber auch keiner!

DER IGEL Stimmt leider! Ein bißchen mehr Interesse wäre schon nett. Ein netter Blick, der mehr sagt als nur »Hallo« – ja, das fehlt mir. Man würde durchaus gern mal gekrault werden irgendwo!

DER KAKTUS Ich hoffe, Sie ersparen mir detaillierte Auskünfte darüber, an welcher Ihrer zahlreichen unattraktiven Körperstellen Sie gekrault zu werden wünschen.

DER IGEL Erspar ich Ihnen gern. Ich könnte nämlich keine einzige Körperstelle bei mir ausfindig machen, die Sie mehr als den sprichwörtlichen feuchten Kehricht anginge.

Kaktus und Igel finden einfach nicht den richtigen Umgangston miteinander. Die böse Sonne allerdings, die bekanntlich eh nur einen einzigen Umgangston kennt, nämlich einen hämischen und verächtlichen, die meint mal wieder was:

DIE BÖSE SONNE Kraulen! Na toll! Connie Francis hatte vermutlich weiter gehende Vorstellungen von körperlicher Nähe, als sie von den Zwickmühlen sang, die das seltsame Spiel der Liebe automatisch mit sich bringt. Ach, wie gern hätte ich ein Autogramm von der! Ich hatte mal eins, doch das ist mir verkokelt, was bei Vertretern unserer Zunft natürlich öfter vorkommt, hehe!

Und nachdem sie das gesagt hat, scheint sie einfach nur noch, die böse Sonne, scheint alles zu Bruch, scheint alles zuschanden, scheint alles kaputt, zwickt dem Igel und allen anderen böse in den Nacken. So ist sie halt leider. Daß die Sonne auch erlösend sein kann, steht in tausend russischen Winterromanen. Hier steht es nicht.

Die alte Dame und der »Dame-Stein«

Ungefähr zwölf Uhr mittags. Eine merkwürdige Stille herrscht nicht, es werden auch keine dramatischen Schatten geworfen. Wir befinden uns schließlich nicht am Set des Western-Klassikers »Zwölf Uhr mittags«, sondern am Set einer Szene, die noch nicht einmal »Ungefähr zwölf Uhr mittags« heißt, sondern »Eine alte Dame und der Dame-Stein«. Die bewußte alte Frau, welche ihre Vormittagstermine, also die Post, die Fußpflege und den Arzt, bereits erledigt hat, geht – froh darüber, daß sie noch keinen Rollator braucht – durch ihre sich allmählich keineswegs nur ins Negative verändernde Heimatstadt.

DIE FRAU *(bestens gelaunt)* ooo So! Bei der Post war ich, bei der Fußpflege, beim Arzt auch, Fenster muß ich erst morgen wieder putzen, und meine Dose Pfirsiche habe ich gekauft. Wie sagte meine Mutter noch? Was man nicht am Vormittag schafft, schafft man den ganzen Tag nicht! Meine Mutter war dumm wie Brot, aber einige ihrer Weisheiten sind durchaus lebenstauglich. Jetzt kann ich noch schön ins Café Richter gehen. *(registrierend, daß ihr altes Stammcafé plötzlich nicht mehr »Café Richter« heißt, sondern*

»Niesen ist anstrengend«) Oh, das Café Richter ist jetzt ein – wie sagt man? – »Szenelokal«. Toll, was sich die jungen Leute für Mühe mit ihren Lokalnamen geben. Man muß eben auffallen heutzutage.

Die lebensbejahende ältere Dame setzt sich ins Lokal und studiert den Speisekarten-Aufsteller. Am Nachbartisch sitzen zwei ebenfalls sehr lebensbejahende Studentinnen. Ein hübscher junger Kellner, groß, stark, sehr gesund und äußerst zeitgemäß, nähert sich freundlich dem untypischen, aber willkommenen älteren Gast.

DIE ALTE FRAU Einen New York Cheesecake und einen möglichst normalen Kaffee.
DER KELLNER *(die Bestellung in ein Gerät eintippend)* Alles klar! Gern! Machen wir! Sollte klappen!
DIE ALTE FRAU *(interessiert die Fleischtunnel-Einsätze in den Ohrläppchen des hinwegeilenden schönen Kellners betrachtend)* Find ich prima, daß ihr die Räume hier so bunt, modern und lebendig gemacht habt! Früher war das so ein düsteres Oma-Café, wo nur alte Leute saßen. Das wundert euch vielleicht, aber ich mag keine alten Leute. Alter ist kein Verdienst, sagte meine ansonsten ziemlich dumme Mutter. *(sich den jungen Frauen am Nachbartisch zuwendend)* Entschuldigt bitte, daß ich euch anspreche, aber wie heißt das, was der junge Mann im Ohr hat?

DIE EINE STUDENTIN *(freundlich)* Sie meinen das Piercing?

DIE ALTE FRAU *(nicht wissend, daß junge Leute oft nicht die geringste Ahnung haben, wenn es um Fragen der Gegenwart geht)* Nein, Piercings kenne ich doch. Das sind diese kleinen Ringe und Knöpfe. Aber der junge Mann hat doch da so eine Art Dame-Stein in sein gewaltig geweitetes Ohrläppchen gesteckt.

DIE ERSTE STUDENTIN Oh Gott, wie heißt das?

DIE ZWEITE STUDENTIN Fleischtunnel heißt das!

DIE ERSTE STUDENTIN Heißt Fleischtunnel nicht nur das Loch?

DIE ZWEITE STUDENTIN Nee, inzwischen wird auch das, was man in das Loch reintut, Fleischtunnel genannt.

DIE ERSTE STUDENTIN Echt? Nicht Fleischtunnelsteinchen?

DIE ALTE FRAU Nimmt er das nachts raus?

EINE DER STUDENTINNEN *(ahnungslos)* Glaub schon. Sonst entzündet sich das.

Der angenehme junge Mann bringt New York Cheesecake und normalen deutschen Kaffee.

EINE DER STUDENTINNEN Du, Riko, die nette Frau hier ist an deinem »Dame-Stein« interessiert.

RIKO An meinem Dame-Stein?

DIE STUDENTIN Sie meint deinen Fleischtunnel!

DIE ANDERE STUDENTIN Ob du den manchmal rausnimmst!

RIKO Den sollte man schon ab und zu rausnehmen.

DIE ALTE FRAU Pfeift denn der Wind nicht durch das Loch, wenn der Dame-Stein nicht drin ist?

RIKO *(großzügig schmunzelnd)* Da kann der Wind schon manchmal gehörig durchpfeifen!

DIE ALTE FRAU Dann müßten Sie vielleicht ein Stück Watte reinlegen.

RIKO Das ist ein guter Tip!

EINE DER STUDENTINNEN ooo Süß, die alte Frau!

DIE ALTE FRAU Hab ich wieder was dazugelernt!

EINE DER STUDENTINNEN Dürfen wir Sie auch was fragen?

DIE ALTE FRAU Natürlich!

DIE ANDERE STUDENTIN Was haben Sie in Ihrer Einkaufstasche?

DIE ALTE FRAU Warum wollt ihr das denn wissen?

DIE ERSTE STUDENTIN Wir studieren Konsumforschung, und gerade das Konsumverhalten von Leuten über 49 finden wir besonders spannend.

DIE ALTE FRAU *(ihre Tasche arglos auspackend)* Na denn! Hier: Schnittbrot, Salz, Watte und eine Dose Pfirsiche.

STUDENTIN Meine Oma kauft auch immer Dosenpfirsiche und Watte.

ANDERE STUDENTIN Was macht man eigentlich damit, außer sie einfach »so« zu essen, also als Kompott?

DIE ALTE FRAU *(die Geheimnisse ihrer Generation offenbarend)* Die legt man auf gebratene Leber! Man brät sich ein Stück Leber, macht dann die Pfirsichdose auf und legt sich eine Pfirsichhälfte auf die Leber! Mein Mann, der leider schon 1987 gestorben ist, sagte immer: Leber mit Pfirsich ist Berlin, und Berlin ist eine Wucht!

DIE ERSTE STUDENTIN Witzig!

DIE ANDERE STUDENTIN *(nicht allzu intellektuell)* Hauptgericht und Dessert in einem! Schon super irgendwie.

DIE ERSTE STUDENTIN *(zu Riko, der in der Nähe steht und, ein Glas polierend, mithört)* Wär das nicht mal eine Idee für dein Zwanzig-Minuten-Business-Lunch?

RIKO Find ich eine super Anregung! Danke!

DIE ALTE FRAU Riko! Ich darf doch Riko sagen, ja? Eines muß ich euch noch sagen: Ihr protestiert doch gern! Wir hätten zu unserer Zeit vielleicht auch mehr protestieren sollen, aber wir waren froh, wenn wir Kartoffeln hatten. Früher habt ihr gegen die Bild-Zeitung protestiert, heute gegen die Gentrifizierung! Daß die Alten verdrängt werden von den Neuen. Aber die Alten und die Armen werden eben leider nicht nur von Investoren und Yuppies und Bobos, oder wie ihr das nennt, verdrängt, sondern auch von jugendlichen Radfahrern, die aus allen Ecken hervorgeschossen kommen. Viele Leute meines Alters trauen sich ja hier kaum noch auf die Straße!

DIE ERSTE STUDENTIN Das sind die Australier. Die rasen hier herum wie die Idioten. Machen hier alles, wofür sie zu Hause verhaftet werden.

DIE ZWEITE STUDENTIN Das sind nicht alles Australier!

DIE ERSTE STUDENTIN Die meisten von denen, die so richtig übel drauf sind, sind eben schon Australier.

DIE ALTE FRAU *(vom Thema »aggressive australische Radfahrer in Berlin« überfordert und versuchend, den alten Gesprächsfaden wiederzufinden)* Wenn ihr wollt, könnte ich euch auch mein altes Dame-Spiel vorbeibringen. Das könntet ihr dann als eine Art kalorienfreien Entspannungs-Nachtisch anbieten. Statt einem dicken Stück Kuchen eine Runde Dame.

RIKO ooO Alte Leute haben noch so viel auf dem Kasten! Eine Gesellschaft, die dieses Potential nicht nutzt, ist einfach nur krank!

Dem Strauche wohnt was inne

Nächtliche Szene vor einem Restaurant namens »Schlemmen am Stadtrand«. Eine Frau verabschiedet sich von ihren drei schicken, superklugen jungen schwulen Freunden aus der Großstadt.

EINER DER FREUNDE Sollen wir dir nicht doch lieber ein Taxi rufen?

DIE FRAU Ach was! Das Viertelstündchen Fußweg. Den Waldkäuzchensteig kenne ich seit meiner Kindheit.

DER FREUND Aber es gibt böse Männer! Das sage ich, obwohl ich selbst ein Mann bin.

DIE FRAU C'mon! Wir wissen doch alle, daß Vergewaltiger zu 99 Prozent oder so dem persönlichen Umfeld des Opfers entspringen. Ich glaube nicht, daß ich nachts um zwei auf dem Waldkäuzchensteig einem Arbeitskollegen oder Angehörigen begegne.

DER FREUND Ich würde mich besser fühlen, wenn du mir erlaubtest, dich zu begleiten.

DIE FRAU Aber da du zu meinem Umfeld gehörst, ist es doch statistisch gesehen zigmal wahrscheinlicher, daß ich von dir vergewaltigt werde als von irgendjemand anderem.

DER FREUND *(gespielt gekränkt)* Find ich jetzt nicht so prickelnd, daß du so etwas sagst.
DER FREUND DES FREUNDES *(diesem gespielt tröstend über die Wange streichend)* Mann, Sascha, wo bleibt dein Sinn für feministische Ironie?

Allein auf dem Waldkäuzchensteig.

DIE FRAU *(sich doch nicht so super fühlend auf dem dunklen, einsamen Pfad)* ∘○○ Wichtig ist es doch für eine Frau, daß sie sich was zutraut. Steht in jedem Buch. Lernt man in jedem Kurs. Weiß man natürlich auch von ganz alleine.

Es raschelt im Busch.

DIE FRAU *(irritiert)* ∘○○ Es raschelt so lebhaft im Knallbeerenbusch! *(sich selbst beruhigend)* Wahrscheinlich eine Bisamratte.

Oh nein! Keine Bisamratte! Es entsteigt dem Knallbeerenbusch ein ungeschlachter Kerl mit schrecklichen Bartstoppeln und furios leuchtenden Augen.

DER GROBIAN Hallo zu dieser ungewöhnlich späten Stunde, wertes Fräulein! Oder sollte ich sagen: werte Frau?

DIE FRAU ○○○ Fuck! Fundamental fuck! Ich hätte auf meine schicken, superklugen jungen schwulen Freunde hören sollen!

DIE FRAU Frau! Sagen Sie bitte »Frau« zu mir. Fräulein ist eine grundsätzlich inadäquate Anrede im Jahr 2015!

DER GROBIAN *(einen Tiegel mit Schönheitscreme aufdrehend)* Sie sagen es! 2015! Das Zeitalter des »Direktmarketing«! Ich habe hier eine Gesichtscreme für Sie. Ein ganz wunderbares »7 in 1«-Produkt. Es ist zugleich eine Nachtcreme, eine Tagescreme, eine Vorhercreme, eine Hinterhercreme, eine Never-Müdigkeits-Creme und dann noch zwei, die mir gerade nicht einfallen. Darf ich sie Ihnen trotzdem aufreiben?

DIE FRAU *(skeptisch – doch was soll sie anderes sagen?)* Okay!

DER GROBIAN *(die Creme im Gesicht der Frau verreibend)* Am besten, man klopft die Creme ein. Dann hat man als achte Wirkung noch einen Anti-Hängebäckchen-Effekt. Wobei bei Ihnen natürlich von Hängebäckchen keine Rede sein kann. *(er klopft ihr mit zwei Zeigefingern im Gesicht herum)*

DIE FRAU *(allmählich Gefallen an der Situation findend)* Sie klopfen gar nicht schlecht.

DER GROBIAN Vielen Dank! Es stärkt mein durch jahrelangen Alkoholkonsum fast ganz zerstörtes Selbstbewußtsein durchaus, mitten in der Nacht von einer hübschen Dame ein Kompliment zu hören. Leider muß ich jetzt weiter! Ich habe noch einen Zweitjob auf dem Autofriedhof.

DIE FRAU *(ihr Mobiltelefon zückend)* Noch einen Moment bitte! Entschuldigung, daß ich mich zuerst ein bißchen erschrocken habe. Können wir noch ein gemeinsames Selfie machen? Ein Beauty-Selfie gewissermaßen?

DER GROBIAN Gern! Wissen Sie, wie man den Blitz anstellt?

DIE FRAU Klar! Ich weiß bloß nicht, wie man ihn ausstellt.

Man macht ein fröhliches Selfie.

Am nächsten Morgen im Bett.

DIE FRAU *(sich wohlig räkelnd)* ooo Habe ich interessant geträumt oder interessant gelebt? Ich guck mal auf mein allwissendes Smartphone!

Auf dem Display das fröhliche Selfie.

DIE FRAU ooo Zwar ist das Bild verblitzt, aber trotzdem ein toller Beweis, daß ich nicht geträumt habe. *(nachdem sie zu einem Handspiegel gegriffen hat)* Ich sehe wirklich viel besser aus als sonst um die Uhrzeit! Ich werde gleich in den Drogeriemarkt gehen und mir das »7 in 1«-Produkt holen. Und es mir einklopfen, bis ich blaue Flecken habe. Die kann man ja dann wieder mit einer Tönungscreme abdecken! Vom gleichen Hersteller natürlich. Werbung wirkt halt, besonders so innovative.

Der Dreckskerl, der Pißfritz, die durchgeknallte Alte und die Jungs vom Streudienst

Winterglätte vor dem »Kaufland«. Eine Frau ist im Begriff, das Gleichgewicht zu verlieren. Sie schlingert und wimmert.

EIN MANN *(ungerührt weitergehend)* Streudienst! Hier droht jemand auszugleiten!
DIE FRAU *(auf dem Eispanzer liegend)* So helfe man mir doch!
DER MANN *(unwirsch)* Haben Sie einfach mal Geduld! Ich hab den Streudienst ja schon gerufen! Was soll ich denn noch alles machen?

Im Innern vom »Kaufland«. Es uriniert ein Typ ins Kühlregal.

DER MANN VON EBEN Marktleitung! Ein Pißfritz erleichtert sich ins Kühlregal!

Der Mann fotografiert den Urinierenden.

DER PISSFRITZ Mann, du Wichser, was fällt dir ein, mich beim Austreten zu instagrammen?

Zwei Herrschaften von der Marktleitung führen den Pißfritzen ab. Dieser zischelt noch mehrmals »Wichser!«, aber die Marktleitung läßt sich nicht provozieren. Sie kennt solche Leute. Die Frau, die eingangs ausgeglitten, kommt angehumpelt und wirft einen Blick ins Kühlregal.

DIE FRAU Oh Gott, ist da etwa was ausgelaufen?

DER MANN Könnte man so sagen. *(für seine Verhältnisse freundlich)* Na, hat man Sie wieder zusammengeflickt?

DIE FRAU Ja, der Streudienst hat mir aufgeholfen!

DER MANN Na, sehen Sie! Dazu ist er ja auch da.

DIE FRAU *(nach einem Käse greifend)* So könnte man's auch sagen.

DER MANN Nicht den Käse nehmen! Da hat wieder einer draufgepißt.

DIE FRAU Wieder? Passiert das öfter?

DER MANN Passiert eigentlich erstaunlich selten. Dabei wäre das doch eine tolle Art, Kapitalismuskritik zu äußern. Aber auf so was kommen unsere hiesigen Anarchoschlafmützen nicht.

DIE FRAU Ich glaube, ich habe mich ein bißchen in Sie verliebt.

DER MANN Wieso das denn?

DIE FRAU Sie sind so herrlich hart.

DER MANN Ach du meine Fresse! Sie sind wahrscheinlich eine von diesen Psychotanten, die sich in den

USA immer in diese belemmerten Todeskandidaten verlieben!

DIE FRAU *(den harten Mann zärtlich bedrängend)* Nein! Ich liebe keinen Todeskandidaten. Ich liebe Sie. *(ganz leise und noch zärtlicher)* Beziehungsweise: Ich liebe dich.

DER MANN *(besonders hart)* Mann, Sie lieben mich doch nur, damit Sie sich das Flugticket nach Texas zu Ihrem beknackten Todeskandidaten sparen können!

DIE FRAU Sie mißdeuten mein Gefühl!

DER MANN Bleiben Sie mir von der Pelle! Ich brauche keine Wallawalla-Trulla mit Menschenliebe-Haschmich.

> Zweifel überkommen die Frau. Investiert sie ihre Liebe wieder einmal in den völlig falschen Mann? Haben all die Therapien nichts gefruchtet? Es bricht aus ihr heraus:

Weißt du, was? Wir alle sind Todeskandidaten, aber wenn's nach mir ginge, wärst du als nächster dran. Und weißt du, warum? Weil du nämlich ein ganz böser Mensch bist. Da denken die Scheiß-Christen nämlich nicht dran, wenn sie gegen Abtreibungen ablästern: daß infolge 99 Prozent aller verhinderten Abtreibungen ein Dreckskerl wie du geboren wird. Was wir in Deutschland brauchen, sind also 99 Prozent mehr Abtreibungen! Jede Abtreibung mehr ist ein Dreckskerl weniger!

Es hat sich eine kleine Menschenansammlung gebildet, die die Szene in Augenschein nimmt. Auch die Jungs vom Streudienst sind dabei.

EIN KUNDE Jeden Abend rastet hier irgendwer aus.
EIN ANDERER KUNDE Höchstens jeden zweiten Abend. Wollen wir mal bei den Fakten bleiben.
DIE FRAU *(irre kreischend)* Abtreibung! Es lebe die Abtreibung! Eine Chance für die Abtreibung!
DER DRECKSKERL *(zu den Streudienst-Männern)* Nehmen Sie doch mal die Frau fest!
DER EINE VOM STREUDIENST Wir sind doch nur der Streudienst!
DER ANDERE VOM STREUDIENST Und wir haben Pause!
DER ERSTE Wir wollen uns Yum Yum kaufen!
DER ZWEITE Yum Yum Knabbernudeln!
DER DRECKSKERL Ja ja, versteh schon! Diese asiatischen Nudelsnacks für 39 Cent, die die Mittelstufenschüler immer nach der Schule knabbern! Nehmen Sie die Frau trotzdem fest!
DIE JUNGS VOM STREUDIENST Gut, weil Sie's sind.

Die Streudienstler führen die Frau ab.

DER ERSTE Die Alte haben wir doch eben schon vom Bürgersteig aufgelesen.
DER ZWEITE Ich kann mir nicht jedes Gesicht merken.

DIE FRAU ◦○○ Schade, daß meine Supermarktbesuche immer so entgleisen. Aber eines muß ich zu meiner Ehrenrettung sagen: Ganz zwecklos war meine Therapie doch nicht. Ich habe mich dem Kerl nicht blindlings an den Hals geworfen! Ich hab dem ordentlich die Meinung gegeigt!

Die stolze lesbische Reckin, der Twink, der Bär und zum Schluß noch ein Fatty

An einer Ecke. (Es gibt so Ecken.)

Genauer gesagt: An einer Ecke namens Hanna-Ingrid-Mayer-Platz, an der sich die Jenny-Steinenberger-Straße und die Magdalene-Williams-Dornhardt-Straße treffen, an einer Ecke also, deren »Namensgebung« einen heftigen »politischen Willen« erkennen läßt, zumindest den Willen, öffentliche Plätze nach Frauen zu benennen, von denen noch nie jemand gehört hat, kommt es zu einer lässigen, durchaus feinen, auf jeden Fall coolen Begebenheit: Eine reckenhafte, also große, ziemlich schöne junge Frau mit »typischem« Szeneviertellesben-Haarschnitt, wahrscheinlich auch Veganerin, wahrscheinlich, wie es aussieht, auch Anarchofeministin, aber wahrscheinlich trotz allem sehr liebenswürdig, trifft zwei unauffällige, man könnte durchaus sagen: langweilige »Typen«, die in der Gegend herumstehen und Eis schlecken.

DIE LESBE Guten Tag! Ich bin Lesbe.

DIE BEIDEN TYPEN *(freundlich)* Das haben wir uns schon gedacht.

DIE LESBE Das ist gut so. Das will ich erreichen! Schließlich ist eines meiner zahlreichen Anliegen, Lesbischsein öffentlich sichtbar zu machen. Anders ausgedrückt: Ich will mein Lesbischsein leben.

DIE BEIDEN TYPEN *(belehrend)* Das kann man leider nicht sagen. Leben ist im Deutschen ein intransitives Verb. Oder wollen Sie etwa der Stadt Mainz nacheifern, deren Marketing-Slogan lautet: »Leben Sie Mainz!«?

DIE LESBE *(erfreut)* Danke für die sprachliche Beratung! Zur Belohnung erlaube ich Ihnen, mir eine freche und unpassende Frage zu stellen.

DIE TYPEN Tun wir gern. Gibt es in Ihrer Szene auch schon die Sub-Subkultur »Bärinnen aus der nächsten Tür«? Bei homosexuellen Männern gibt es ja zum einen sogenannte Twinks, also welche, die dünn und jung sind, und zum anderen Guy-next-door-Bären ohne Alters- und Gewichtsbeschränkung.

DIE LESBE Sind das nicht eher Kategorien der Vermarktung pornografischen Bildmaterials im Internet?

DIE BEIDEN TYPEN Könnte sein! Aber wir fragen uns trotzdem: Gibt's das bei Ihnen auch?

DIE LESBE Bei uns ist es noch eher gemischt.

DIE TYPEN Bei den Männern haben sich die »Bären« verselbständigt. Nur gelegentlich kommt es zu privaten Kontakten außerhalb der Milieuschranken. Wir könnten Ihnen da was erzählen …

Die beiden Typen erzählen Folgendes:
Ein Bär und ein Twink begegnen sich zufällig beim Entsorgen von Müll im Hof einer Wohnanlage. Der Bär weint.

TWINK Warum weinen Sie denn?
BÄR Mein Freund ist nach Brüssel gezogen. Dort gibt es eine bessere Bärenszene, sagt er.

Ein Bild aus der angeblich optimalen Brüsseler Bärenszene. Zwei »Bären« laufen an der Grandplace bzw. am Grote Markt mit ausgebreiteten Armen aufeinander zu: Der erste Brüsseler Bär: Goedenavond, mijn heer! Der zweite Brüsseler Bär: Bonsoir, monsieur!

Zurück zur deutschen Twink-und-Bär-Begegnung am Müllbehälter.

DER TWINK Ich würde Sie gern trösten! Kommen Sie doch heute Abend zu mir und wir schauen gemeinsam eine milieuüberschreitende Sendung, zum Beispiel »Wer wird Millionär?«!

Der Fernsehabend ist gekommen. Der Bär sitzt mit dem Twink auf dem Sofa.

DER TWINK Günter Jauch ist ein netter älterer Twink!
DER BÄR Und ich bin ein netter älterer Bär!
DER TWINK *(seinen Arm um den Bären legend)* Find ich allmählich trotz aller anfänglichen Zweifel auch!

Milieuüberschreitendes »Funken«.

Eine Woche später. Der Twink und der Bär liegen im Bett.

DER TWINK *(traurig)* Ich fürchte, wir müssen uns trennen. Ich mag einfach keine Steine hinten reingesteckt bekommen.
DER BÄR *(abwehrend)* Lieber nicht trennen! Wir lassen die Steine einfach weg und kuscheln nur. Das ist für mich genauso schön!
DER TWINK *(auf einen Haufen Pflastersteine neben dem Bett deutend)* Und was machst du mit deinen ganzen Steinen, wenn wir nur noch kuscheln?
BÄR Ich guck einfach mal in einem sozialen Forum, ob ein Bär mit geringem Einkommen die geschenkt kriegen möchte.

Zurück am Hanna-Ingrid-Mayer-Platz.

DIE LESBE Die Geschichte ist ja doch noch ganz nett ausgegangen!
DIE BEIDEN TYPEN Wir haben aber nie wieder von unseren beiden entfernten Bekannten gehört.

Nun ist eigentlich Schluß. Aber es ist doch noch nicht Schluß. Es folgt noch eine »total konstruiert« wirkende Szene mit einer Person aus der Fettakzeptanz-Szene.

DIE BEIDEN TYPEN Sind Sie so dick, weil Sie soviel essen oder weil Sie zuwenig Sport treiben?
DIE PERSON AUS DER FETTAKZEPTANZ-SZENE Weder noch. Ich bin so dick, weil ich Dicksein öffentlich sichtbar machen möchte.
DIE TYPEN Find ich gut. Da haben die Fetten was von den Frauen gelernt.
DIE PERSON AUS DER FETTAKZEPTANZ-SZENE Verstehe ich jetzt nicht.
DIE TYPEN Müssen Sie auch nicht! Tschüß!

Rasurüberfall!

(Eine weitere Giftblüte des Hasses auf »Hipster« und »Schwaben«)

Erstmals seit etwa hundert Jahren tragen Männer wieder Bärte. Man erspare sich bitte Verweise auf die Hippie-Zeit oder die »Achtundsechziger«. Während dieser verwirrten Zeiten trugen Männer keinen Bart, sondern waren im Rahmen einer ideologisch erwünschten Ungepflegtheit lediglich unrasiert. Das neue Barttragen, das ungefähr 2010 zaghaft begann, ist keine Mode, schon gar kein »Craze« oder »Fad«, sondern Ausdruck eines allerdings bislang schwer einzuordnenden »Paradigmenwechsels«. Ein Bart ist eine Naturerscheinung, seine Entfernung ein kultureller Eingriff. Nicht das Barttragen ist also Mode, sondern die Rasur. Wer keine Lust hat, falsch zu liegen, sollte wissen: Männer werden im gesamten 21. Jahrhundert Vollbärte tragen.

Ungefähr im Jahr 2012 spielt sich die folgende Szene ab:

Ein junger Mann mit einem jener gutgeschnittenen und wohlgepflegten Vollbärte, die in Kreisen, die dem Schmuddel-Look vergangener Jahrzehnte nachtrauern, als »Hipster-Bärte« geschmäht werden, schreitet gutgelaunt seinem leicht ominösen Arbeitsplatz entgegen. Naja, was heißt schon »ominös« in jenen Tagen, die wir teils irritiert und teils belustigt zur Kenntnis zu nehmen haben im zweiten Jahrzehnt des 21. Jahrhunderts?

DER JUNGE MANN ∘oo Meine Haut geht heute eigentlich. Genug geschlafen habe ich auch. Ich hätte nichts dagegen, jetzt von einem Mode-Blogger fotografiert zu werden für DANDY DIARY oder BEAU BRUMMEL TODAY oder so.

Im Hintergrund sieht man einen Typen nahen. Ist der Gegenstand, den er in der Hand trägt, etwa eine Kamera? Man hofft es zumindest.

DER JUNGE MANN *(frohlockend)* ∘oo Da kommt schon einer! Am besten, ich gehe etwas langsamer, damit er mehr Zeit hat, mich zu bemerken, und dann sage ich ganz beiläufig »hallo«.

Aber denkste! Der Typ, ein Bartloser übrigens, hält dem Bärtigen einen Rasierapparat an den Hals, als wäre es eine Waffe, und ruft: RASURÜBERFALL!

DER BARTLOSE *(barsch)* Sie wissen ja wohl, wie es läuft. Auf den Rücken legen und Arme wie die Windmühle!

> Wie verlangt, legt sich der Bärtige auf den Boden, Beine und Arme weit von sich gestreckt, wie eine Windmühle eben.

DER JUNGE MANN Ich hab das, glaub ich, schon einmal in einem Film gesehen, und Kollegen haben mir auch schon von solchen Situationen berichtet.
DER BARTLOSE Das erleichtert mir die Arbeit, und für Sie ist's auch einfacher.

> Der Bartlose hockt sich auf den Bärtigen und beginnt mit der brummenden Untat. Die abrasierten Haare wirft er in einen Sack, der bereits gut gefüllt ist. Es scheint nicht sein erster Überfall zu sein an diesem sonnigen Vormittag.

DER JUNGE MANN Aber am Hals bitte vorsichtig! Es ziept dort gern!
DER ÜBELTÄTER Wer Sonderwünsche hat, hält bei mir besser das Maul. Aber da du so ein feiner Kerl bist, werd ich gaaanz zärtlich sein mit deinem edlen Hälschen. *(er rasiert und rasiert)* Na, das läuft doch wunderbar mit uns beiden! Gaaanz wunderbar! *(der Apparat verstummt)* Fuck! Akku alle!

DER EINSTMALS BÄRTIGE *(kooperativ)* Ich hab auch einen Apparat dabei. Allerdings mehr so einen Konturenschneider.

DER ÜBELTÄTER *(sich mit geschultertem Sack aus dem Staub machend)* Schnauze und wunderschönen Tag noch!

DER UNVOLLSTÄNDIG RASIERTE *(etwas benommen, sich aufrappelnd, das Laub aus dem Haar zupfend)* Dann gehe ich jetzt wohl wie geplant zur Arbeit.

> Der Arbeitsplatz befindet sich in einem kleinen »biomorphistischen« Glaskasten, über dessen Eingang steht: *MOBILE SOLUTIONS 4 YOU*
> Drinnen fahren lauter bärtige junge Kerle und ein paar betont langweilige, im Normcore-Look gekleidete junge Frauen auf Segways durch die Eingangshalle. Es wird auch gekickert und eine Rutsche heruntergerutscht wie in der Google-Zentrale in Mountain View.

EIN TYP MIT EINEM BESONDERS SCHÖNEN BART Na …? Unheimliche Begegnung mit einem Schwabenhasser gehabt? War's denn wenigstens ein Mädel? *(penetrant ironisch)* Aber die Typen sollen's eh besser bringen.

DAS ÜBERFALLOPFER Woher willst denn ausgerechnet du das wissen?

DER BESONDERS BÄRTIGE *(sich auf dem Segway ent-*

fernend) GE-HEIM-NIS! Es kommt eben darauf an, daß man gewisse Dinge WA-HEIS! WA-HEIS! Verstehst du? WA-HEIS?

DER JUNGE MANN *(am Fahrstuhl wartend)* Das war dämonisch eben. *(den Fahrstuhl betretend)* Ziemlich dämonisch sogar!

Andreas

Eingang des Zoologischen Gartens in Berlin. Ein Schild weist hin auf die

ERSTE GELUNGENE TEUFELSNACHZUCHT
DER WELT: ANDREAS *2011

Zwei Angehörige der »Arbeitsgemeinschaft kritischer Zoobesucher« (AKZ) schauen sich das Hinweisschild kritisch an.

DER ERSTE KRITISCHE ZOOBESUCHER Den haben sie doch nur nachgezüchtet, um den Leipziger Zoo mit Heidi, seinem schielenden Opossum, zu übertrumpfen.
DER ZWEITE KRITISCHE ZOOBESUCHER Das fürchte ich auch, doch dem Volk wird's gefallen!

So ist es! Das Volk läßt sich nicht belehren, schon gar nicht von kritischen Zoobesuchern.

DIVERSE UNKRITISCHE ZOOBESUCHER *(vor einer Scheibe stehend)* Andreas! Andreas! Komm doch mal raus!

Äußerst mißmutig und gar nicht kommunikationswillig hockt der Teufelsvater hinter seiner gläsernen Wand.

EIN BESONDERS UNKRITISCHER ZOOBESUCHER *(an die Scheibe klopfend)* Mann, Andreas! Ick klopf mir hier die Fingerknöchel wund! Willste dir nicht mal deine Fans ankieken?
EINER DER KRITISCHEN ZOOBESUCHER *(auf ein Schild deutend:* BITTE NICHT KLOPFEN! UNSERE TEUFEL SIND SEHR SCHRECKHAFT!*)* Können Sie nicht lesen?
ANDERER KRITISCHER ZOOBESUCHER Es hat auch keinen Zweck, ständig nach Andreas zu rufen. Der wird erst am 1. Juli öffentlich präsentiert. Am gleichen Tag wie Heidi in Leipzig!

Nun guckt die Teufelsmutter leidend aus dem Einschlupfloch des Teufelschlafhäuschens heraus.

ERSTER KRITISCHER ZOOBESUCHER Die Eltern sehen beide nicht besonders glücklich aus.
ZWEITER KRITISCHER ZOOBESUCHER Irgendwie fast böse.
ERSTER KRITISCHER ZOOBESUCHER Artgerechte Haltung ist hier nämlich nicht gegeben.

RIESIGES MEDIENECHO!

SPRECHERIN DER »BERLINER ABENDSCHAU« Nach Einwänden kritischer Zoobesucher hat der Berliner Zoo versprochen, seine Teufel künftig in einer kleinen »Hölle« artgerecht zu halten.

Tags darauf.

DIE ABENDSCHAU-SPRECHERIN Leipzig. Der Leipziger Stadtrat wirft Berlin vor, durch die Präsentation seines Teufelsbabys am 1.7. eine unnötige Atmosphäre der Konkurrenz zum ersten Auftritt des schielenden Opossums »Heidi« am selben Tag zu erzeugen.

Höhere Kreise mischen sich ein.

UNSERE LIEBE BUNDESKANZLERIN IM FERNSEHEN Konkurrenz ist doch was ganz natürliches und gesundes – das kennt man doch vom Fußball.

Übergeordnete Kreise mischen sich ein.

VORSITZENDER DES ETHIKRATES Es ist kein gutes Aushängeschild für Deutschland, wenn wir in der Geburt eines seltenen Tieres lediglich einen fußballähnlichen Wirtschaftsfaktor sehen.

Allerhöchste Kreise mischen sich ein.

LANDESBISCHOF SOUNDSO Leider ist der Teufel keine so seltene Erscheinung, wie der Ethikrat uns weismachen möchte. Neu ist allerdings, daß man ihn als niedliches Element des Stadtmarketings präsentiert.

Einige Tage später. Eingang des Berliner Zoos. Der Hinweis auf die Teufelsnachzucht ist verschwunden. Stattdessen sieht man ein Schild: WEGEN TRAUERFALL GESCHLOSSEN.
Menschen stellen Teelichter auf den Boden, legen Blumensträuße ab.
Ein mit lila Filzstift handgemaltes Schild: WHY?
Ein mit grünem Filzstift handgemaltes Schild: GOODBYE, KLEINER ANDY!
Ein mit himmelblauem Filzstift handgemaltes Schild: BERLIN WILL ALWAYS LOVE YOU!

ERSTER KRITISCHER ZOOBESUCHER Wieso trauern diese Leute eigentlich immer auf englisch?
ZWEITER KRITISCHER ZOOBESUCHER Ist halt Popkultur. Die Fotos sollen ja weltweit beachtet werden.

Zweihundert Kilometer südlich. Betretene Stimmung im Leiziger Stadtrat.

ERSTER STADTVERORDNETER Räusper!
ZWEITER STADTVERORDNETER Räusper!
ALLE ANDEREN STADTVERORDNETEN AUCH Räusper!

SPRECHER DER ARD-TAGESTHEMEN Um nicht den Eindruck zu erwecken, aus dem tragischen Tod des Berliner Teufelkindes Andreas Kapital schlagen zu wollen, hat die Stadt Leipzig beschlossen, auf die öffentliche Präsentation ihres schielenden Opossums zu verzichten.
Dazu ein Kommentar von Ulrich Deppendorf …

Die Leipziger Bevölkerung reagiert gespalten.

EIN SOGENANNTER ALTER SACK MIT EINKAUFS-BEUTEL Wös häm mer denn mit däm bläden douden Deiwl aus Bällin se doun?
EINE FRAU ooo Ist das gutes Sächsisch?

Besuch der Bonbonfabrikanten

Ein gutgelauntes Kind mit Zähnen wie die Stadtsilhouette von Köln 1945 spricht in ein Mikrofon. »Ist das an?« Neben ihm steht sein Vater im Tischlerkittel. Vater und Kind gegenüber steht eine Gruppe von Menschen, an deren Jacken Namensschilder der OOÖZSZ, also der »Ostoberösterreichischen Zuckerlsiederzweckgemeinschaft«, befestigt sind.

KIND Ich heiße alle Bonbonfabrikantinnen und Bonbonfabrikanten herzlich willkommen in unserer »Kindersargtischlerei Schleckermäulchen«.

ERSTER BESUCHER Wie herzig!

KIND Längere Vorträge darf ich aus Gründen des Kinderschutzes nicht halten. Aber mein Vater springt gern in die Bresche!

VATER Auch von mir ein ganz herzliches Hallo, und ich würde einfach mal vorschlagen, wenn Sie Fragen haben, dann frei raus damit.

ERSTER BESUCHER Warum haben Sie sich auf Kindersärge spezialisiert?

VATER Aufgrund der hohen Holzpreise!

ERSTER BESUCHER Is eh kloa!

VATER Kommense mal mit. Ich zeige Ihnen gern unser

Sortiment. Hier ein großer Kindersarg, da ein mittlerer und dort dann noch einer für die ganz kleinen Hasen.

ZWEITER BESUCHER Ganz kleine »Hasen« können eigentlich noch gar keine Bonbons lutschen. Die würden doch ersticken.

KIND Ersticken wär scheiße als Todesursache!

ERSTER BESUCHER »Scheiße!« Wie herzig!

DRITTER BESUCHER Mechst an Zuckerl? Ganz frisch aus Linz!

KIND Sie sind aus Österreich, oder?

DRITTER BESUCHER Dös kannst schon raushören?

KIND In Österreich hat man ein unverkrampftes Verhältnis zum Tod, oder?

ERSTER BESUCHER Dös ist aber ein ganz schlimmes Klischee!

ZWEITER BESUCHER Und das aus dem unschuldigen Munde eines so kloanen Kindes! Wo der Kleine dös nur herhat?

DRITTER BESUCHER Dös kann nur vom Vater kummen.

Die Gäste aus Linz schauen den Kindersargtischler unwirsch an.

VATER Was schauen Sie mich so unwirsch an?

Die Besucher schweigen eisig.

DRITTER BESUCHER *(versuchend, die angespannte Stimmung aufzulockern)* Eine Frage, die mich als begeisterten Europäer besonders interessiert: Müssen Sie manchmal auch Kindersärge ins Ausland überführen?

VATER Wenn es die traurigen Umstände erfordern, dann übernehmen wir auch diese bedrückende Aufgabe.

ERSTER BESUCHER Zu überführende Leichen dürfen Grenzen ja nur mit einem Leichenpaß überschreiten. Kummen die Kinder mit in den Leichenpaß der Eltern oder bekummens änen ägenen Kinderleichenpaß wie die lebenden Kinder?

VATER Wenn die Eltern ebenfalls aus dem Leben geschieden sind, wird das Kind mit in den elterlichen Leichenpaß geschrieben. Sollte jedoch nur das Kind verstorben sein, dann kommt es in den Genuß eines eigenen Kinderleichenpasses.

DRITTER BESUCHER *(verschämt)* »Genuß« ist »gut«.

ZWEITER BESUCHER Ist auf dem Paßfoto das Kind in dahingewichenem Zustand oder in der Blüte seiner Jahre zu sehen?

VATER Das können die Eltern sich aussuchen. Viele akut trauernde Eltern haben allerdings eine Scheu, ein totes Kind in den Paßbildautomaten reinzuhalten, und schneiden lieber was aus dem Familienalbum heraus.

ALLE BESUCHER Dös verstöhma freili.

VATER *(drückt auf einem Tablet herum)* Ich guck mal ins Internet: 100 Kinderleichenpaßformulare kosten 6 Euro 80.

ERSTER BESUCHER *(beiseite)* Bißchen übertrieben kaufmännisch, das Ganze. Und das sage ich als begeisterter Kaufmann.

KIND *(hat zwar schlechte Zähne, aber gute Ohren)* Hat man aber mal schön Vorrat für eine Weile.

ZWEITER BESUCHER Kind, was sagst du eigentlich als Angehöriger der Zielgruppe zu den Geschäftsaktivitäten deiner Familie?

KIND Sie erweisen zugleich meinen glücklosen Altersgenossen einen letzten Dienst und investieren in mein Studium.

ZWEITER BESUCHER Diese pragmatische Sicht ist im Geschäftsleben durchaus nicht immer von Nachteil.

DRITTER BESUCHER Und wos mechst zum Namenstag?

KIND Ein »Thrustmaster Ferrari F430 Force Feedback Racing Wheel« für PC.

ALLE BESUCHER Herzig!

Ein gelungener Antrittsbesuch

Hamburg. Vor einer der dort typischen dunkelroten Backsteinvillen entsteigt ein junges Paar seinem kupferkaramellfarbenen Mini Cooper Cabrio.

DIE JUNGE FRAU Wie gesagt, wir spielen von vornherein mit offenen Karten, was deine Berufstätigkeit angeht.
DER JUNGE MANN Für mich überhaupt kein Problem.
DIE JUNGE FRAU Das sagst du jetzt. Aber hinterher druckst du wieder herum und sagst, du arbeitest im »Special-Interest-Bereich«.
DER JUNGE MANN Diesmal nicht. Ehrenwort.

Ein vor Solidität strotzendes Kaufmannsehepaar tritt aus der Haustür. Der Mann – in gehobenem Freizeitlook – lächelt patriarchalisch.

DIE FRAU *(mit ausgestreckten Armen auf die junge Frau zulaufend)* Julia!
DER MANN *(seiner Frau etwas schwereren Schrittes folgend)* Und Sie müssen Lars sein!
DER JUNGE MANN Genau! Lars! Freut mich! Hab schon viel von Ihnen gehört. Natürlich nur Positives.

DER MANN Sie machen es richtig! »Hab schon viel von Ihnen gehört. Natürlich nur Positives!« Genau das habe ich seinerzeit zum Vater meiner Frau gesagt.
DIE FRAU Nun bring Lars doch nicht in Verlegenheit mit deinen verfrühten Anekdoten!

Im Flur des Eigenheimes. Aus einem Schirmständer mit Postkutschen-Dessin ragen zwei hochwertige Stockschirme aus dem führenden Hamburger Schirmgeschäft.

DIE JUNGE FRAU Damit ihr es nicht von Oma oder aus dem Internet erfahrt, sagen wir es lieber gleich: Lars dreht Filme, in denen sich Leute gegenseitig, auf deutsch gesagt, ins Gesicht kacken.
DIE MUTTER Solange der Bedarf besteht!
DER VATER Man muß mit der Zeit gehen!
DER VATER *(die jungen Leute ins Wohnzimmer geleitend)* Als ich in den siebziger Jahren begann, marokkanische Sitzkissen zu importieren, haben sich auch alle an den Kopf gefaßt!
DIE MUTTER *(exakt wie die leider bereits verstorbene Edda Seippel klingend)* Ich weiß es noch wie heute. Es war zwei Wochen nach unserer Verlobung, da gingen wir am Dovenfleet entlang, und es kam uns der Präsident der Handelskammer entgegen und sagte: Marokkanische Sitzkissen! Sie haben ja wohl einen Knall!

DER VATER Alles richtig, aber es war nicht zwei Wochen, sondern zwei Monate nach unserer Verlobung.

DIE MUTTER Mein Mann weiß grundsätzlich alles besser. *(zu ihrer Tochter)* Aber weißt du, was? Man hat ein auskömmlicheres Leben, wenn man die Männer in dem Glauben, sie würden alles besser wissen, nicht beirrt.

DIE JUNGE FRAU *(angestrengt locker)* Mann, Mutti, ich lebe doch nicht unter einem Stein! Weiß ich doch alles!

> Alle vier haben, so gut es geht, auf marokkanischen Sitzkissen Platz genommen. Die jungen Leute finden es nicht allzu bequem.

DIE MUTTER *(Tee einschenkend und redlich interessiert)* Drehen Sie auch bei Durchfall?

LARS *(entschlossen, die heikle Situation tapfer zu durchstehen)* Durchfall-Shootings sind eher unbeliebt.

DER VATER *(die Probleme eines beruflichen Durchstarters verstehend)* Aber Sie drehen natürlich trotzdem. Allein schon wegen der hohen Studiokosten, nicht wahr?

LARS So ist es leider.

DIE MUTTER *(kopfschüttelnd)* Ach, es geht immer nur ums Geld!

DER VATER *(eher am Technischen und Tatsächlichen interessiert)* Wo drehen Sie denn?

LARS In Berlin!

DIE MUTTER In Berlin? Man hört eigentlich immer, Hamburg sei das Weltzentrum des erotischen Fäkalfilms.

DER VATER *(patriotisch)* Nicht nur das! Hamburg ist nach wie vor eine bedeutende Hafenstadt!

DIE MUTTER Natürlich! Das eine schließt das andere doch nicht automatisch aus!

DER VATER *(schwärmend)* Am Hamburger Hafen werden tagtäglich Hunderte Tonnen international relevanten Krams umgeschlagen!

LARS *(verlegen)* Da kann meine Branche rein mengenmäßig natürlich nicht mithalten.

DIE MUTTER *(einer scherzhaften Stimmung nicht abgeneigt)* Wär ja auch ein bißchen viel verlangt! Soviel kann doch keiner essen!

DER VATER *(milde verärgert)* Dorothee! Manchmal wirst du überdeutlich! *(hochinteressiert zu Lars)* Warum eigentlich Berlin?

DIE MUTTER *(in unzerschmetterbarer Plauderstimmung)* Waren wir nicht auch einmal in Berlin? Im Hotel Kempinski. Das muß etwa 1980 gewesen sein. Zum Teil gab es da recht ungepflegte Leute, die in der Nähe des Hotels ihr Auskommen suchten. Und an den Gabeln im Frühstücksraum waren Krusten. Die schlechten Spülmaschinen damals.

DER VATER Dorothee! Ich habe unseren jungen Gast etwas gefragt. Lars, warum Berlin?

LARS Einfach um der Welt zu zeigen, daß so etwas nicht nur im reichen Hamburg möglich ist.

DER VATER *(patriarchalisch)* Das ist die richtige Einstellung!

DIE MUTTER *(zu ihrem Mann)* Auf die Gefahr hin, erneut überdeutlich zu werden: Möchtest du noch ein Stück Apfelkuchen?

DER VATER Gern! Und entschuldige bitte, daß ich dich eben so hart angefahren habe! *(zu Lars)* Wir gehören nämlich normalerweise nicht zu den Paaren, die sich vor Außenstehenden streiten, weil sie glauben, das sei unterhaltsam!

DIE MUTTER *(die Hand auf Lars' Knie legend)* Wobei Sie ja schon gar kein richtiger Außenstehender mehr sind!

LARS *(irritiert, aber froh)* Danke.

DIE MUTTER *(sich an den Bauch fassend)* Ach, der viele Kuchen! Ich muß mal kurz zum WC.

DER VATER *(ironisch)* Danke für diese für alle Beteiligten ausgesprochen wertvolle Information!

DIE MUTTER *(Lars meinend)* Aber nicht, daß Sie mir hinterherkommen!

LARS *(verlegen)* Berufliches und Privates trenne ich streng.

DIE MUTTER *(Lars' Schulter berührend)* Aber das war doch nur ein Witz!

Alle lachen. Am heftigsten lacht die Tochter, die während des Gesprächs kaum einen Ton hervorgebracht hat. Was muß die froh sein, daß der Nachmittag so glimpflich verlaufen ist!

Erotikdreh im Zoo

Ein recht kompakter junger Mann öffnet vor einer Giraffenanlage seinen Gürtel und schaut so lasziv, wie nur kompakte junge Männer es können, in eine Kamera, die von einem nur mittelprächtig motivierten, etwas weniger kompakten, zweiten jungen Mann bedient wird.

KAMERA *(vermeintlich)* Surr.
DAS KOMPAKTE KERLCHEN Meine Freundin hat da überhaupt nichts gegen, daß ich mir vor den Giraffen den Gürtel aufmache.
LÖWE *(vernehmlich)* Knurr.

Einige Schaulustige haben sich dazugesellt.

DER STRAMME KERL Meine ganze Family unterstützt mich total. Mein Daddy war zuerst so'n bißchen geschockt, aber dann hat er gesagt, du, wenn das dein Weg ist, dann unterstütz ich dich total.
ERSTER SCHAULUSTIGER *(seinen Nachbarn anflüsternd)* Seine Freundin soll angeblich gar nichts dagegen haben. Das stand im »Britzer Blütenboten«. Das ist so eine Zeitung, die man gratis in den Briefkasten gestopft kriegt.

DER ANDERE SCHAULUSTIGE Da stand auch, daß sogar sein alter Schuldirektor die Fotos »irrsinnig schön« finden soll.

DER STRAMME KERL Also, sogar meine Oma findet die Fotos total ästhetisch, und die ist nun wirklich superkonservativ, aber natürlich sagenhaft süß auf ihre Weise.

DER FOTOGRAF Sag mal, kannste nicht mal für fünf Minuten den Rand halten? Ich muß hier was einstellen. *(ein Elektroauto nahen sehend)* Hey, da kommt so ein Elektroauto mit Staudengräsern zum Fressen für Zebras oder – keine Ahnung. Kannst du dich mal bäuchlings gegen die Kühlerhaube werfen, oder wie das bei Elektroautos auch immer heißen mag, und uns deine Schokoladenseite präsentieren?

DER STRAMME KERL Solange es ästhetisch ist, mach ich alles mit.

Er legt sich bäuchlings auf das Wirtschaftsfahrzeug und reckt keß seinen entblößten »Po« in die Kamera. Er summt den Synthesizer-Riff und die Melodie des Gary-Numan-Klassikers »Cars« und bewegt dazu aufreizend sein recht mächtiges Hinterteil. Der Fahrer des Zoofahrzeugs rollt genervt mit den Augen.

DER FAHRER *(aus seinem Fenster heraus)* Sagt mal, wird das heute noch was mit euch beiden? Die Antilopen kriegen langsam Sehnsucht nach mir.

DER STRAMME KERL Ach, für Antilopen sind die Gräser! Der Fotograf meinte, für Zebras!

DER FAHRER Woher soll dein Videomensch wissen, wer hier was zu fressen kriegt?

DER STRAMME KERL *(die Hose hochziehend)* Mein Videomensch? Seit wann habe ich denn einen Videomenschen? Ich dachte, wir machen hier Fotos! Und jetzt hör ich: Video! Ich hab mich schon gewundert, daß es so laut surrt.

Das Elektromobil fährt – zwar nicht surrend, aber leise sirrend – davon.

DER FOTOGRAF Bei Video surrt nichts. Super 8 hat gesurrt. Vor vierzig Jahren.

DER STRAMME KERL Aber ich hab's jetzt total laut surren gehört, nicht vor vierzig Jahren! Jetzt, jetzt, jetzt! Es hat so laut gesurrt, daß ich dachte, oh mein Gott, was surrt denn da die ganze Zeit?

DER FOTOGRAF Vielleicht hast du irgendein Vieh gehört!

DER STRAMME KERL Ein Vieh, das so regelmäßig surrt? Das gibt es in keinem Zoo der Welt! In keinem einzigen!

DER FOTOGRAF Ich muß dann mal langsam.

DER STRAMME KERL Warte, ich komm mit. Wir müssen doch beide zum Ausgang. *(zum Leidwesen des Fotografen munter weiterplappernd)* Also, meine

Family sagt, daß ich einen total knackigen Body habe, und warum soll ich den nicht herzeigen, ich meine, wir leben ja nicht mehr bei Kaiser Wilhelm, also ich finde das total mittelalterlich, wenn da so verknöcherte Paragraphenreiter mit Pickelhauben sich hinstellen und sagen, zieh mal deine Hose hoch, wir wollen deinen Allerwertesten nicht sehen! Ich meine, Nacktheit ist doch was ganz natürliches, und ich finde, die Zeiten sind längst vorbei, wo man den Körper einteilte in Körperteile, die man sehen soll, und welche, die man nach der Meinung der Moralapostel gefälligst im Keller zu verstecken hat. Der liebe Gott hat uns doch als Ganzes geschaffen. Ich glaube jetzt zwar nicht an Gott als solchen, aber ich glaube trotzdem, daß da irgendwo, ob man das nun Universum nennt oder Himmel, ist doch egal, daß da irgendetwas ist, was über uns steht, und ich meine halt, daß … *(etc.)*

Was tun mit süßen Holo-Leugnern?

Ein weiß maskierter junger Straßenkünstler steht in einer Fußgängerzone und führt pantomimische Sketche vor, kleine Flamenco-Gaukeleien mit Fächer und Gebißkastagnetten und einen Flohzirkus mit einer als Riesenfloh verkleideten Ratte. Den Damen reicht er Moosrosen. Die Passantenschaft ist ganz aus dem Häuschen vor lauter Glück.

EIN HERR Allerliebst!
EIN ZWEITER Endlich mal keine »Lebende Statue«!
EINE DAME In Barcelona an den Ramblas standen neulich dreißig Stück von diesen »Lebenden Statuen«. Jede einzelne hätte ich am liebsten grün und blau geohrfeigt! Aber man kommt ja so schlecht hoch zu denen – die stehen ja auf Podesten.
EINE ZWEITE DAME Aber der hier ist doch ganz anders! Den möchte man doch mit nach Hause nehmen und zu Tode knuddeln!
DIE ERSTE DAME Ehe Sie den zu Tode knuddeln, nehm ich den mit nach Hause und traktiere ihn mit meinem berühmten Schweinerollbraten!
DIE ZWEITE DAME Bei wem ist Ihr Schweinebraten denn berühmt? Ich habe von dem noch nie gehört!
DER GEMAHL DER ZWEITEN DAME Und meine Frau

hat Ohren wie das Hubble-Teleskop! Der entgeht kein berühmter Schweinerollbraten!

Volksgelächter wie in einem achtzig Jahre alten Wiener Spielfilm.
Nun holt der junge Gaukler auch noch eine Marionette hervor, die ein verkleinertes Abbild seiner selbst ist – das gleiche lustige Hütchen, die gleiche weiße Maske, der gleiche durchtrainierte Body –, und läßt sie »I just called to say I love you« singen – mit Bauchrednerstimme. Am Ende seiner umjubelten Darbietung verneigt er sich graziös und verteilt weitere Moosröschen.

FRAUENSTIMMEN Mir auch ein Röschen! Mir auch ein Röschen!
MÄNNERSTIMME Mir fünf Röschen bitte! Und zwanzig Autogramme, zehn Hochformat und zehn Querformat! Zum Tauschen!
GAUKLER Bitte schön! Bitte schön! Übrigens: Der Holocaust hat gar nicht stattgefunden!

Wie ein Blitz schlägt diese Mitteilung in die hochgestimmte Passantenschaft ein.

EIN HERR Was machen wir denn jetzt?
EINE DAME *(ihre Rose sinken lassend)* Das Leugnen könnwa donni dulden!

EINE ANDERE DAME *(ihre Rose zertretend)* Wer's duldet, wäscht seine Hände in Blut!
EINE WEITERE FRAU *(nichts mit ihrer Rose machend)* Im Blut Millionen unschuldig ungeborener Kinder!
EIN LEICHT ABSEITS STEHENDER HERR oOO Im Blut ungeborener Kinder nun nicht gerade. Aber beim Volk kommt's auf den guten Willen an.
EIN WILD ENTSCHLOSSENER Wir ziehen vor die Ethikkommission!
EIN NICHT MINDER AUFGEBRACHTER Damit die auch mal was tun für ihr Geld!
DIE DAME, DIE IHRE ROSE ZERTRETEN HAT Ihr Geld? Unser Geld ist das!

Im Büro der Ethikkommission. Zwei wanstige Herren mit Lebenserfahrung und eine ältere Frau mit alter Depeche-Mode-Frisur und rotem Brillengestell haben sich die Sorgen des Volkes angehört und beraten sich nun.

DER ERSTE WANST »Difficult verknifficult«, sagte mein Studienkollege Norbert in Göttingen damals immer, wenn etwas knifflig war. Und dies hier ist durchaus knifflig! Also einerseits kann man das Leugnen nicht einfach hinnehmen.
DIE ALTE DEPECHE-MODE-FRISUR Ebensowenig können wir den Kerl jedoch aus unserer sonst so öden Fußgängerzone verbannen. Wenn die Gaukler nicht

mehr da sind, fahren doch alle nur noch in die Shopping Malls.

DER ERSTE WANST Weiß auch nicht, was man da machen soll. Hören Sie doch einfach auf Ihr Bauchgefühl!

DIE ALTE DEPECHE-MODE-FRISUR Das Bauchgefühl ist stets ein guter Berater, denn der Bauch ist Sitz der emotionalen Intelligenz. Habe ich neulich ein Buch drüber gelesen.

Zurück auf der Straße. Das Volk beratschlagt sich erneut.

EIN HERR Würde vorschlagen, wir ziehen zur Bürgermeisterei und beantragen die Auflösung der Ethikkommission.

EIN ANDERER HERR Prächtiger Vorschlag: Hoffentlich merke ich ihn mir bis zum Jahresende. Dann kann ich ihn zur Wahl des »Vorschlags des Jahres« vorschlagen.

EINE DAME Aber erstmal gehen wir schauen, was unser jungfreches Gauklerkerlchen macht. Vielleicht hat es inzwischen dazugelernt.

Zurück beim Gaukler. Wieder macht er die allerlieblichsten Verrenkungen und Geräusche und verschenkt dabei Moosrosen.

EINE DAME *(vor Begeisterung ganz dichterisch)* Müßte nicht der Himmel rot erglühen vor Neid, daß so ein perfektes Wesen bei uns hienieden tätig ist und nicht bei denen droben?

EIN HERR Solch geballte Goldigkeit steigt selten hinab zu uns schlichten Menschen.

EINE DAME, DIE EBEN MIT BEI DER ETHIKKOMMISSION WAR Wenn er uns Passanten häßliche oder stinkende Blumen überreichte, hätten wir nicht diese Gewissensbisse.

EIN HERR, DER EBENFALLS MIT WAR Meine Schwester hat mal einen Strauß fetter Lilien geschenkt bekommen, da hat die Wohnung nach einer Woche gerochen wie eine Leichengrube.

DIE DAME Apropos Leichengrube: Wenn er wieder mit dem Holocaust anfängt, halten wir uns einfach die Ohren zu.

DER HERR Genau! So wäre jedem gedient. Dem politischen Anstand, der Wahrheit und der städtischen Lebendigkeit.

Die luxemburgische Zwiebelrahmsuppe

EIN KÜNSTLERAGENT Wer glaubt ihr eigentlich, wer ihr seid? Keine Interviews geben wollen! Glaubt ihr, ihr seid David Bowie? Marlene Dietrich? Kleopatra? Glaubt ihr, ihr seid Walter Moers? Oder glaubt ihr etwa gar, ihr seid Peter Handke? Warum nicht gleich Greta Garbo?

ERSTER COMIC-DUO-ANGEHÖRIGER Nein, wir sind nicht Greta Garbo oder Walter Moers! Wir fühlen uns nur etwas unwohl bei dem Gedanken, uns von Leuten ausfragen zu lassen, deren Absichten und Kompetenz man schwerlich beurteilen kann.

ZWEITER COMIC-DUO-ANGEHÖRIGER *(etwas frecher als sein Kollege)* Uns interessiert dieser Dreck halt einfach nicht. Wir wollen unsere Arbeit machen und uns nicht von einfältigen Tanten ausfragen lassen, die sich erfahrungsgemäß sowieso für nichts interessieren!

DER KÜNSTLERAGENT So so! Erfahrungsgemäß einfältige Tanten, die sich für nichts interessieren! Ich sage euch mal eines: Ich reiß mir den Arsch auf, und ihr sagt, daß euch dieser ganze Dreck nicht interessiert. Entweder ihr geht in das verdammte »Aktuelle Mittagsstudio«, oder ich sperr euch alle Konten, vermiese euch alle Kontakte und verbuddel eure Autoschlüssel im Sand irgendeiner Nordseeinsel, deren Namen ich rechtzeitig vergessen werde!

ERSTER COMIC-DUO-ANGEHÖRIGER Insbesondere letzteres wäre schlecht.

Einige Tage später. Auf Sitz-Elementen eines TV-Studios sitzen zwei recht nervöse Herren, Salzstangen knuspernd. Eine sogenannte »Medientante« hat sich zu ihnen gesetzt. Die ist natürlich »wahnsinnig nett«, aber ...

MEDIENTANTE Sie sind ja neulich von der angesehenen Zeitschrift »Top News Total« zu »Deutschlands aufregendstem Comic-Duo« gewählt worden. Herzlichen Glückwunsch erstmal. Von der ganzen Redaktion auch! Was ich schon immer mal fragen wollte: Wer sind Ihre Vorbilder?

ERSTER COMIC-DUO-ANGEHÖRIGER ooo Vorbilder gibt's natürlich keine, und selbst wenn ich jetzt ein paar Leute aufzählte, die immerhin theoretisch als Vorbilder hätten dienen können, Roz Chast oder Chris Ware etwa, würde die TV-Lady ja eh nur Bahnhof verstehen. Irgendwas muß ich allerdings demnächst antworten, sonst wendet sich die Dame meinem inkompetent vor sich hin knuspernden Duo-Partner zu, und das wäre eine einzige Imagekatastrophe. Am besten, ich sage den Namen irgendeines uralten, verstorbenen Zeichners, Olaf Gulbransson vielleicht, aber nee, den kennt sie ja auch nicht. Hey, ich weiß, was ich sage, hihi, das ist schön blöd, wird aber vermutlich »funktionieren« – ich sage jetzt einfach …

ERSTER COMIC-DUO-ANGEHÖRIGER … Heinrich Zille. Sie wissen schon, der Zeichner des Berliner Hinterhofelends. Adorno hat zwar gesagt, Zille würde dem Elend nur auf den Popo klopfen, aber das hat er wahrscheinlich gar nicht so gemeint. Jeder sagt doch ab und zu mal etwas, was er nicht so meint. Aber Hinterhofelend ist immer noch aktuell, wenn man mal an diese ganzen Fahrräder denkt, an denen man kaum vorbeikommt, besonders mit vollen Einkaufstüten. Ich glaube einfach, daß es die, auf deutsch gesagt, verdammte Scheißpflicht eines jeden künstlerisch arbeitenden Menschen ist, seine Finger in die Wunden zu legen und einfach mal ohne jede rosarote Brille nicht auf der Heiapopeia-Eierkuchenwelle herumzureiten, sondern das Maul aufzumachen, auch wenn es weh tut. Denn so ein bißchen unbequem zu sein gehört einfach immer noch dazu, wenn man morgens in den Spiegel schauen möchte, ohne zu kotzen.

MEDIENTANTE *(in die Kamera blickend)* Das waren deutliche Worte. Find ich aber, liebe Zuschauer – das ist jetzt meine persönliche Meinung – ganz toll, daß es immer noch Künstler gibt, die ihre Arbeit politisch begründen. Wir werden noch viel von den beiden hören.

DIE MEDIENTANTE *(sich von ihren Talk-Gästen zum Studiokoch Sebastian bewegend)* Wir gucken jetzt einfach mal, wie Sebastian die Zwiebeln schneidet. *(zum Koch)* Sebastian, wie schaffst du es eigentlich, dermaßen viele Zwiebeln zu schneiden, ohne daß du in Tränen ausbrichst bei all den Zwiebeln. Ich meine, das sind doch unglaublich viele Zwiebeln hier!

SEBASTIAN Ich verrate gern, wie ich das mache mit den Zwiebeln. Obwohl ein Koch natürlich auch seine Geheimnisse hat für seine Zwiebelrahmsuppe.

MEDIENTANTE Zwiebelrahmsuppe! Ich glaube, da wird mancher Zuschauer denken: Ich kenne zwar Rahmzwiebelsuppe, aber Zwiebelrahmsuppe kenne ich nicht.

SEBASTIAN Das kann schon sein, daß der eine oder andere Zuschauer beim Stichwort »Zwiebelrahmsuppe« denkt: »Zwiebelrahmsuppe kenne ich gar nicht, ich kenne nur Rahmzwiebelsuppe«, aber ich finde halt ganz einfach mal, daß eine ordentliche Zwiebelrahmsuppe …

MEDIENTANTE *(ungeduldig)* Deine Großmutter mütterlicherseits kam ja aus dem Elsaß!

SEBASTIAN Aber diejenige von der väterlichen Seite kam eben aus Luxemburg, und zwar aus dem Ösling. Das ist eine eher arme Gegend im Norden von Luxemburg, wo zwar jeder Haushalt eine Kuh hatte …

MEDIENTANTE Da sollen ja wahnsinnig viele Frauen vergewaltigt worden sein nach 1945.

SEBASTIAN Ja, genau das schreibe ich ja in meinem Buch. Also: Jeder hatte eine Kuh, aber keine Zwiebeln. Zwiebeln mußten auf unvorstellbar komplizierten Wegen aus dem Süden herangeschafft werden.

MEDIENTANTE Aus dem Süden von was genau?

SEBASTIAN Aus dem Süden von Luxemburg natürlich!

MEDIENTANTE Ja, klar! Die Zuschauer werden jetzt vielleicht fragen: Süden Luxemburgs, Norden Luxemburgs, so what? Aber nach dem Krieg, in der Bollerwagenzeit, die wir uns heute kaum noch vorstellen können: Waren das damals vielleicht Distanzen, die man sich heute gar nicht mehr vorstellen kann?

SEBASTIAN Exakt. Und da hat meine Großmutter gesagt: Ich hab hier im Norden zwar eine Kuh und somit Rahm, aber keine Zwiebeln. Vielleicht liegt aber im Keller doch noch eine einzige, vergessene Zwiebel von vor dem Krieg!

MEDIENTANTE Ich finde es einfach unwahrscheinlich toll, wie du erzählst, obwohl das ja wahrscheinlich eine eher nicht ganz so einfache Zeit gewesen sein muß, gerade für deine Großmutter …

SEBASTIAN Eine nicht ganz einfache Zeit! In der Tat! Und da ist meine Großmutter, Paulette hieß sie übrigens und war eine unvorstellbar witzige und winzig kleine Frau – Paulette ist in Luxemburg übrigens kein ungebräuchlicher Name –, Paulette ist also in den Keller hinabgestiegen, von woher sie tatsächlich mit einer einzigen Zwiebel zurückkehrte, die sie ganz, ganz klein gehackt dem kochenden Rahm zufügte.

MEDIENTANTE *(um des Effektes willen aufgeregt)* Das heißt also, eine Zwiebelrahmsuppe ist an sich eine Rahmsuppe mit einer notbedingt geringen Zwiebelbeigabe.

SEBASTIAN Was ich hier fabriziere, ist natürlich, schon mit Rücksicht auf die kleinen Problempölsterchen unserer Zuschauer, eher eine Rahmzwiebelsuppe, also eine Zwiebelsuppe mit mäßiger Rahmbeigabe. Im Angedenken an meine Großmutter nenne ich sie, historisch sicher nicht ganz korrekt, trotzdem Zwiebelrahmsuppe.

MEDIENTANTE Find ich super, wie du das alles erzählen kannst. Was ich irre schade finde, ist, daß ich deine wahnsinnig witzige Großmutter leider nicht mehr kennenlernen kann. Ich frage jetzt mal unsere beiden Comiczeichner, ob sie nicht Lust hätten, sich ganz einfach mal gemütlich zu uns zu setzen, um deine wunderbare Suppe zu essen und beim Essen vielleicht deine Großmutter zu zeichnen, wie sie in den kriegsbedingt total dunklen Keller geht und mit einer einzigen uralten Zwiebel zurückkehrt.

SEBASTIAN Ich bin ein Riesenfan von den beiden. Ein Riesenfan! Wirklich! Und das sage ich nicht nur so. Und meine Mutter übrigens auch, die gottseidank noch lebt, obwohl sie jetzt auch langsam in ein Alter kommt, in dem sie nicht einfach mehr in jeden Keller springen kann wie ein junges Mädchen.

MEDIENTANTE Super!

Die beiden Comic-Duo-Angehörigen nähern sich dem Eßtisch, sich »wahnsinnig« darauf freuend, beim Essen einer vermutlich recht guten Suppe eine Frau zu zeichnen, die mit einer einzigen keimenden Zwiebel aus einem Keller zurückkehrt.

Das schwere Sofa
ODER
Auf dem Weg zur Stiftung Lesehemd

Ein ganz normaler »Typ« in einer »Multifunktionsjacke« steht in einer Großstadt, wahrscheinlich Berlin, und »labert« vor sich hin.

DER NORMALE TYP Hey, Leute, ich erzähl euch mal folgendes: Wenn's kühl ist oder feucht, dann tragen 75 Prozent aller Deutschen eine Jacke von »The North Face«, und sogar 80 Prozent tragen eine von »Jack Wolfskin«. *(auf die S-Bahn deutend, die im Hintergrund fährt)* Jaja ich weiß, das sind zusammen mehr als 100 Prozent, aber das sind eben so Zahlen, die muß man nehmen wie die, daß pro Jahr 402 Millionen Menschen mit der S-Bahn fahren. Da sind natürlich die ganzen Mehrfachfahrer bei.

S-Bahnen huschen »sinnlos« herum.

DER NORMALE TYP Räusper! Wo war ich stehengeblieben? Ach ja, diese langweiligen Jacken. Diese freiwillige Gleichschaltung. Totalitarismus geht auch ohne Diktatur, sagte ja schon, weiß nicht mehr, wer. Naja, was soll's. Ist halt so. Ich trage ja selbst auch so eine Jacke.

Es nähert sich ein schriftstellerartiger Herr in einem schicken Hemd, einer Art Dracula-Umhang, man könnte auch sagen: Schriftsteller-Umhang, mit Biedermeierkoteletten und einem Wäschepaket unterm Arm.

DER NORMALE TYP *(naiv bewundernd)* Sie haben ja ein schickes Hemd an.
DIE SCHRIFTSTELLERARTIGE PERSON Ich habe sehr viele Hemden. Selbst wenn ich mir zehn Jahre lang kein neues kaufte und pro Saison vielleicht zwei Verschlisses wegen aussondern müßte, hätte ich noch immer genug.
DER NORMALE TYP *(arglos)* Warum besitzen Sie denn dermaßen viele Hemden?
DIE SCHRIFTSTELLERARTIGE PERSON *(durchaus ein wenig eingebildet)* Ich bin Schriftsteller und habe nicht selten Leseabende zu bestreiten. Das Publikum hat ein Recht auf einen Autor in einem schönen und frischen Hemd. In diesem Moment bin ich mit einem kleinen Textilpaket auf dem Weg zur »Stiftung Lesehemd«, wo man sich um die Bühnengarderobe junger Schriftsteller kümmert, die oft sehr zu wünschen übrigläßt.
DER NORMALE TYP *(dumm staunend)* Wo haben Sie denn all die Hemden her?
DIE SCHRIFTSTELLERARTIGE PERSON *(eitel auf ihre offenbar überdurchschnittlichen finanziellen Verhältnisse anspielend)* Gekauft!

DER NORMALE TYP *(einfältig anerkennend)* Ihrer Kaufkraft kann man nur Respekt zollen!

DIE SCHRIFTSTELLERARTIGE PERSON *(dem anderen Herrn mit dem Spazierstock vor der Nase herumfuchtelnd)* Kaufkraft! Kaufkraft! Was ist denn schon Kaufkraft im Vergleich mit Menschlichkeit? Fahren Sie mal nach Afrika und besuchen Sie mal eine Frau in einer Lehmhütte. Die hat vielleicht keine Kaufkraft, aber sie hat mächtig einen sitzen.

DER NORMALE TYP *(irritiert)* Sie meinen wohl, sie hat mächtig Würde oder so etwas.

DIE SCHRIFTSTELLERARTIGE PERSON *(gänzlich unirritiert)* Nein nein, keine Würde. Sie hat einen sitzen.

DER NORMALE TYP *(verblüfft)* Ist sie etwa betrunken?

DIE SCHRIFTSTELLERARTIGE PERSON Nein. Betrunken nicht.

DER NORMALE TYP »Einen sitzen haben« bedeutet aber »angesäuselt sein«! Das ist so!

DIE SCHRIFTSTELLERARTIGE PERSON Ach, ist es so? Entschuldigung. Ich war längere Zeit weg aus Deutschland.

DER NORMALE TYP ooo Wenn ich jetzt frage: »Wo denn genau weg aus Deutschland?«, hört das Gespräch nie auf.

S-Bahnen huschen herum. Die schriftstellerartige Person und der normale Typ schweigen. Stehen eine Weile einfach nur da.

DIE SCHRIFTSTELLERARTIGE PERSON ooo Warum sagt er denn nichts mehr? Macht ihm das Gespräch keinen Spaß mehr?

DIE SCHRIFTSTELLERARTIGE PERSON Macht Ihnen unser Gespräch keinen Spaß mehr?

DER NORMALE TYP Doch, doch. Total! Mir lag bloß gerade die Zunge so bleiern im Mund. Wie so ein ganz schweres Sofa. Kennen Sie das Gefühl?

DIE SCHRIFTSTELLERARTIGE PERSON Ja, das kenne ich. Aber ich muß weiter! Die jungen Schriftsteller warten auf hochwertige Second-Hand-Ware. Die wollen in ihren putzigen Poetry-Slam-Clubs auftreten und dabei nicht aussehen wie irgendwelche lächerlichen kleinbürgerlichen Scheusale.

DER NORMALE TYP Find ich gut, was Sie machen! Richtig gut sogar!

Konversation im Donald-Duck-Auto

Ein Mann braust in einem Donald-Duck-Auto durch die Gegend. So, wie er aussieht mit seinem kugelförmigen Kopf und den sieben Bartstoppeln am Kinn, könnte es sich um den Comiczeichner Stephan Katz handeln. Bei den drei »Kindern«, die hinter ihm, ganz in der Art von Tick, Trick und Track, dicht aneinandergedrängt auf dem ausgeklappten Soziussitz Platz genommen haben, könnte es sich demnach durchaus um drei Miniatur-Lookalikes des Schriftstellers Max Goldt handeln. Man weiß es natürlich nicht genau.

ERSTER MINI-MAX-GOLDT Mal mal …
ZWEITER MINI-MAX-GOLDT … einen Maler …
DRITTER MINI-MAX-GOLDT … der in einer Mühle Mehl malt.
STEPHAN KATZ Eins nach dem anderen. Ich fahre jetzt erstmal Auto.
ERSTER MINI-MAX-GOLDT Und dann mal einen Müller, der in einem Maler-Atelier vergebens versucht …
ZWEITER MINI-MAX-GOLDT … Getreide zu mahlen …

ERSTER MINI-MAX-GOLDT … zum Beispiel mit Hilfe eines Bleistiftanspitzers.

DRITTER MINI-MAX-GOLDT Mit Hilfe eines atombetriebenen Bleistiftanspitzers!

ERSTER MINI-MAX-GOLDT Nee, lieber mit Hilfe eines ganz normalen Bleistiftanspitzers.

STEPHAN KATZ Wir sind gleich in Neunkirchen. Da könnt ihr bei Oma auf Toilette gehen, und ich kann mich von euren verwirrenden Zeichenanweisungen erholen.

DIE DREI MINI-MAX-GOLDTS Deine Mutter scheint für dich nur noch als Klo für deine Kinder zu existieren!

STEPHAN KATZ Da habt ihr was in eure drei falschen Hälse gekriegt. Ich liebe eure Oma.

DIE DREI MINI-MAX-GOLDTS Aha! Hoffentlich auf eine mit unserem jüdisch-christlichen Wertesystem zu vereinbarende Weise!

STEPHAN KATZ So wie man halt auch seine eigene Oma liebt.

DER ERSTE MINI-MAX-GOLDT Aber deine eigene …

DER ZWEITE MINI-MAX-GOLDT … Oma ist doch schon …

DER DRITTE MINI-MAX-GOLDT … tot, Mann!

ALLE DREI AUF EINMAL Und nie tust du sie auf dem Friedhof besuchen!

STEPHAN KATZ Kann ich ja auch gar nicht. Schließlich ist sie schon zu Lebzeiten der Ruheforst-Bewegung beigetreten. Sie liegt somit ungekennzeichnet, also ohne Namensschild in einem dieser ultramodernen Ruheforste. Da weiß man gar nicht, wo man sich genau hinstellen soll, um ihrer ehrend zu gedenken. Ich brauche aber auch keinen Grabstein, um eine Oma zu lieben. Jedenfalls nicht, um meine zu lieben.

DIE DREI MINI-MAX-GOLDTS Und wir brauchen kein Klo, um unsere Oma zu lieben!

STEPHAN KATZ Neunkirchen ist eh schon vorbei!

DIE DREI MINI-MAX-GOLDTS Du Schwein!

STEPHAN KATZ Wieso Schwein jetzt? Okay, es ist pädagogisch sinnlos, euch solche Wörter zu verbieten, aber in meinem Donald-Duck-Auto möchte ich so etwas nicht hören. Bedenkt bitte: Als Carl Barks die klassischen Duck-Comics zeichnete, herrschte in den USA noch strenge Zensur – in der Filmwirtschaft beispielsweise der Hays-Code. *(belehrend)* Alfred Hitchcock war der erste, der in einem amerikanischen Film eine Toilette zeigen durfte, und zwar in »Psycho«. Er konnte die Zensoren davon überzeugen, daß die Toilette künstlerisch absolut notwendig war!

DIE DREI MINI-MAX-GOLDTS Wir brauchen aber keine künstlerisch notwendige Toilette, sondern eine metabolisch nützliche. Wir müssen nämlich bald kacken.

STEPHAN KATZ Habe ich euch nicht gesagt, daß ich auf solche Ausdrücke in meinem Donald-Duck-Auto lieber verzichten möchte? *(resignierend)* Aber was soll es! Ihr kriegt sie ja eh auf dem Schulhof mit.

DIE DREI MINI-MAX-GOLDTS Hast du eine Ahnung, was für Wörter wir auf dem Schulhof noch hören!

STEPHAN KATZ *(Schlimmes erwartend)* Was denn für welche?

DIE DREI MINI-MAX-GOLDTS »Rohkostraspel« zum Beispiel!

STEPHAN KATZ *(erleichtert und hochinteressiert)* In welchem Zusammenhang spricht man denn auf eurem Schulhof von Rohkostraspeln?

DIE DREI MINI-MAX-GOLDTS Der Schriftsteller Gerhard Henschel sei eine literarische Rohkostraspel, ein Flaneur, ein Bibo, sagte neulich jemand.

STEPHAN KATZ Hey, das ist gut. Würde er auch gar nicht bestreiten. Übrigens erinnert mich das an Liselotte von der Pfalz, die in ihren berühmten Briefen aus Versailles ihre dortige Widersacherin, die Madame Maintenon, mehrmals als »alte Zott« und »Rompompel« bezeichnete. Haha! Rompompel! Diesen Ausdruck hätte die amerikanische Filmwirtschaft durchaus verwenden dürfen in den Vierzigern. Stellt euch mal vor, Humphrey Bogart hätte in »Casablanca« statt »Here's looking at you, kid« zu Ingrid Bergman gesagt: »Du alte Rompompel!« Das hätten die Zensoren durchgehen lassen, weil ja wohl keiner von den dämlichen Typen die Briefe der Liselotte von der Pfalz gekannt hätte. Herrlich subversiv, dieser Gedanke!

DER ERSTE MINI-MAX-GOLDT Würdest du bitte aufhören, dich an deiner Bildung …

DER ZWEITE MINI-MAX-GOLDT … aufzugeilen, während auf der Rückbank …

DER DRITTE MINI-MAX-GOLDT … starker Stuhldrang herrscht?

Frischer Wind in der vorsorgenden Rechtspflege

Es gibt 8000 Notare in Deutschland. Entgegen ihrem Image geht es einigen wirtschaftlich erheblich schlechter als den Zahnärzten, von denen es in Deutschland etwa 67000 gibt. Man kann kaum staunen, daß diese Frage auf der Jahrestagung der Notare in Worms eine Rolle spielt.

PRÄSIDENT DER BUNDESNOTARKAMMER *(leidenschaftlich an seine Kollegen)* Wir müssen endlich mal mit der Selbstzerfleischung aufhören. Müssen runterkommen von dem hohen Roß, auf dem so mancher von uns seine Tage mit neidischen und haßgetränkten Gedanken an die Kollegen von der Zahnheilkunde verdämmert! Wir müssen aufhören, depressiv und däumchendrehend an unseren Schreibtischen herumzuloungen und auf unsere Bürofenster zu starren, unsere leider meist sehr schmutzigen Bürofenster, denn – Hand aufs Herz, liebe Kollegen – wer von uns kann sich denn noch einen regelmäßigen Fensterputzdienst leisten?

EINZELNE STIMME AUS DEM AUDITORIUM Vielleicht sollten wir einfach aufhören, mit unseren Kanzleien riesige Altbauwohnungen in besten Lagen zu blockieren, und stattdessen in sogenannte »Altneubauten« in mittleren oder gar einfachen Lagen ziehen, die so kleine Fenster haben, daß wir sie selber putzen können.

PRÄSIDENT DER BUNDESNOTARKAMMER Ich mag provokative Gedanken. Aber nur wenn sie ein Gesicht haben. Also möge sich derjenige erheben, der das eben gesagt hat! Wir sind hier schließlich nicht im Internet!

Niemand bekennt sich. Niemand erhebt sich. Einige räuspern sich. Ein einzelner Mensch kichert sogar.

PRÄSIDENT DER BUNDESNOTARKAMMER *(zornig)* Verschlagenheit nenne ich so etwas. Im Dunkeln freche Dinge sagen und sich dann nicht erheben und sagen: Ich war's.

Sibirisches Schweigen. Man hört gerade mal einen Plastikbecher knacken.

PRÄSIDENT DER BUNDESNOTARKAMMER Gut. Ich möchte mich nun auch nicht von der etwas sonderbaren Stimmung hier im Saal aus dem Redekonzept bringen lassen. Ich möchte stattdessen viel lieber in meinem ursprünglichen Gedanken fortfahren und sagen: Hören wir auf mit dem Haß auf die Zahnärzte.

Fangen wir lieber an, von ihnen zu lernen. Ich schlage daher eine bundesweite Plakataktion vor: ZWEIMAL IM JAHR – NICHTS WIE HIN ZUM NOTAR.

Arktisches Schweigen. Man hört nicht einmal einen Plastikbecher knacken.

PRÄSIDENT DER BUNDESNOTARKAMMER *(nach einer Weile des Wartens auf irgendeine Reaktion)* Es ist ungewöhnlich, vor einem Gremium zu sprechen, dem man sogar vorsteht, und das Gefühl vermittelt zu bekommen, man habe soeben etwas ganz Dummes gesagt. Meine Frau sagt auch manchmal, ich sei für einen studierten Mann ganz schön dumm, und was ich eigentlich die ganzen Jahre in Heidelberg gemacht habe. Ob ich da auch wie Helmut Kohl nur auf der Brücke gestanden und leergelöffelte Apfelbreidosen in den Neckar geschmissen hätte, was Helmut Kohl ja einmal zugegeben hat in einem Interview, als er noch Herr seiner Zunge war. Aber so etwas sagt meine Frau ja nur, wenn sie wütend ist, und ich wüßte nicht, warum irgendjemand in diesem Saal wütend auf mich sein sollte, nur weil ich versuche, unserem kränkelnden Berufsstand mit einem griffigen, allgemeinverständlichen Slogan wieder auf die Beine zu helfen, nämlich: ZWEIMAL IM JAHR – NICHTS WIE HIN ZUM NOTAR. Was bitte soll daran falsch sein?

EIN ANGEHÖRIGER DES AUDITORIUMS Aber was

sollen denn normale Menschen zweimal im Jahr beim Notar? Was tun wir denn schon groß?

EIN ANDERER *(aus der Tiefe des Raums)* Na, Unterschriften beglaubigen!

EIN WEITERER Und Testamente »abfassen« …

NOCH EINER … Testamente abfassen, in den Tresor tun und irgendwann wieder rausholen.

EINER VON GANZ HINTEN Genau! Erst legen wir's rein, und wenn einer tot ist, holen wir es wieder raus, das Testament!

Einzelne höhnische, sich im Echo des akustisch ungünstigen Saales verlierende Lacher.

PRÄSIDENT DER BUNDESNOTARKAMMER *(einlenkend)* So sieht unser Alltag leider aus! Und genau dieses staubige Testament-Image sollten wir endlich mal abschütteln und lernen, ein jüngeres Publikum anzusprechen!

EIN STREBSAMER JUNGER KOLLEGE AUS DER ERSTEN REIHE Vorschlag: Versuchen wir es doch einmal mit einem Slogan wie »Schnupperwochen-Aktion beim Notar«. Ich glaube, mit so einer ungekünstelten, direkten Sprache könnte man bei meinen Altersgenossen einiges bewirken!

PRÄSIDENT DER BUNDESNOTARKAMMER Wunderbare Idee! Ich mag solche frischen, unverbrauchten Gedanken! Aber wie hat man sich das vorzustellen?

Wir verlassen nun den Kongreß und strapazieren ein wenig unser geistiges Auge, indem wir uns in eine normale deutsche Notarkanzlei hineinimaginieren, in der sich die vorgeschlagene Schnupperwochen-Aktion folgendermaßen abspielt: In ansehnlichem Habitus und insgesamt nicht häßlich, allerdings auch nicht gerade gutgelaunt, sitzt ein Notar an seinem Schreibtisch und guckt sich sein Fenster an.

DER NOTAR ooo Fenster, ja. Fenster sind schon was. In England hat es über lange Jahre eine Fenstersteuer gegeben, die dazu führte, daß Hauseigentümer immer mehr Fenster zumauerten. Insbesondere die ärmere Bevölkerung wurde auf diese Weise des Tageslichts beraubt und mußte in völliger Dunkelheit ihren armseligen Schleim löffeln. Haferschleim. Da wurden natürlich viele bitter benötigte Kalorien sinnlos verkleckert. Zudem konnte wegen der Dunkelheit nicht saubergemacht werden. Seuchen brachen aus. Eine enorme Auswanderungswelle in die USA setzte ein, teilweise aber auch der Kartoffelkäfer wegen.

Es klopft an der Tür. Der Notar, der gerade begonnen hatte, einen Wikipedia-Eintrag über die europäische Kartoffelkäferplage der 1850er Jahre zu lesen, ruft: »Herein bitte!« Ein etwa zwölfjähriger Junge mit einem Foto in der Hand erscheint.

DER JUNGE Ihre wahrscheinlich wertvollen Gedanken störe ich nur ungern, werter Herr Notar, aber ich habe hier ein Autogramm von Justin Bieber, das mir ohne notarielle Beglaubigung so unauthentisch und billig vorkommt.

DER NOTAR Na, kommen Sie mal her, junger Mann. Ich beglaubige Ihnen Ihr Dokument gern. Für so was sind wir Notare ja schließlich da.

DER JUNGE Find ich toll, daß Sie sich dafür Zeit nehmen. Meine Mutter sagte nämlich: Geh zum Zahnarzt! Nicht zum Notar!

DER NOTAR *(die Autogrammpostkarte begutachtend)* ooo Die Unterschrift könnte natürlich auch irgendein Arbeitsloser mit einem Edding-Stift draufgekrakelt haben, aber wer wäre ich, einem so jungen Menschen die Illusionen zu rauben?

DER JUNGE *(fast platzend vor Freude auf die bevorstehende Beglaubigung)* Und?

DER NOTAR *(die Autogrammpostkarte hin und her wendend)* Ja, das Dokument wird wohl echt sein. Das kann ich wohl beglaubigen! *(in die Durchsprechanlage)* Frau Simonis, den Beglaubigungsstempel bitte!

Keine Reaktion. Frau Simonis ist offenbar »zu Tisch«.

DER NOTAR Frau Simonis ist offenbar zu Tisch. *(eine Schublade aufziehend)* Ich habe hier aber noch einen zweiten Beglaubigungsstempel, von dem unsere gute

Frau Simonis in ihrer vermeintlichen Allwissenheit gar nichts weiß. Ich bitte Sie aber, das für sich zu behalten. Das ist jetzt ein Geheimnis unter uns Männern, ja?

DER JUNGE Ich sage Frau Simonis kein Sterbenswörtchen!

DER NOTAR *(mit dramatischer Wucht und akademischer Würde seinen Stempel auf die Autogrammkarte hauend)* ○○○ Alles immer dramatisch und klanggewaltig abstempeln, wie im Studium gelernt!

DER JUNGE Wie gewichtig und würdevoll das klingt! Ich mag dieses wuchtige Abstempeln!

DER NOTAR Na klar! Ich hefte Ihnen jetzt hier noch einen Begleitzettel dran. So ist das nämlich bei uns Notaren: Da wird hinterher immer noch was drangeheftet! Dann wirkt's so schön amtlich. So etwas lernt man im Jurastudium. Vielleicht wirst du ja auch einmal studieren. Macht Spaß! Und nette Mädchen gibt es auch an der Uni. Das Essen in der Mensa ist dafür mehr so mittel. Aber als junger Mensch interessiert man sich für alles andere mehr als für die Qualität des Essens. Später, wenn es einen hier zwackt und dort zwickt, bedauert man dann manchmal, daß man als junger Mensch so viel Müll gegessen hat.

Der Junge nimmt sein mit etwas Drangeheftetem bereichertes Autogramm in Empfang und trollt sich fröhlich der Tür entgegen.

DER NOTAR Stop stop stop, der junge Herr! Ich möchte mir noch erlauben, Ihnen meine Kostennote zu überreichen!

DER JUNGE *(die Rechnung in Empfang nehmend)* 375 Euro! Das ist ungefähr in dem Rahmen, den ich mir vorgestellt habe.

DER NOTAR Der leider gerade mit dem Mittagessen beschäftigten Frau Simonis schwebt eine Begleichung der Rechnung innerhalb von 21 Tagen vor.

DER JUNGE Dafür habe ich lange gespart! Habe Zeitungen ausgetragen, babygesittet, Schwarzmarkttickets für Justin Bieber verkauft!

DER NOTAR Engagement zahlt sich immer aus! Leistung muß wieder ordentlich entlohnt werden!

JUNGE Danke, Herr Notar: Sie haben es mir ermöglicht, meinen Traum zu leben! Danke für den Support!

DER NOTAR ooo Wenn man der Jugend was bietet, bietet einem die Jugend auch was!

> Die irreale Szene endet hier. Unser vielstrapaziertes geistiges Auge schwenkt nun zu einem weiteren Notarkongreß, und zwar ausgerechnet auf die Herrentoilette. Zwei Notare plaudern am Pissoir.

DER EINE Und wie waren deine Erfahrungen mit der Schnupperwochen-Initiative?

DER ANDERE Schlecht! »Off the record« könnte man

vielleicht sagen: Manche der Jugendlichen haben einfach nicht genügend Geld!

DER ERSTE Ist schon richtig, aber in erster Linie fehlt es ihnen nicht an Geld, sondern an Ehrgeiz und der Lust am Besonderen! AU! AUA! AUTSCH!

DER ANDERE Was ist denn?

DER EINE Ich hätte mir beinahe ein Schamhaar im Reißverschluß eingeklemmt!

DER ANDERE Wegen »beinahe ein Schamhaar eingeklemmt« muß man doch nicht so schreien!

DER EINE Stimmt. Ich schlage vor, wir gehen wieder zurück zum Gequatsche!

Das olle Kongreßzentrum wieder mal. Blöde Stühle, blöde Lampen, blöde Leute und so weiter.

DER PRÄSIDENT DER BUNDESNOTARKAMMER Es war falsch, sich bei den jungen Leuten mit Schnupperwochen und Autogrammbeglaubigungen anzubiedern! Wir sollten uns auf unser Kerngeschäft, den Tod, zurückbesinnen. Es gibt nämlich auch junge Leute, die für alles Tote geradezu schwärmen!

EINER AUS DEM AUDITORIUM Genau! Wir fahren zum Leipziger Wave-Gotik-Treffen und machen dort einen witzig-aggressiven Info-Stand!

Bus gemietet, hingefahren ins schöne Leipzig und geguckt, was es da so gibt. Ziemlich viel gibt's da zu gucken: Zigtausende junge Menschen im Todes-Look ziehen gutgelaunt und brausetrinkend an Infoständen vorbei. Auch die Notare haben sich hübsch angezogen und einen tollen Stand aufgebaut inklusive eines großen Transparents:

TESTAMENT MIT 23? HOL'S DIR!

Rasch ist der Stand belagert.

EIN BEGEISTERTER NOTAR Gerade hier im Osten rast ihr jungen Leute doch am Wochenende gern mal gegen einen Alleebaum!

JUNGER MENSCH Ja, wir rasen schon manchmal herum. Übrigens: Ich finde Ihre weiße Krawatte toll!

EIN ANDERER NOTAR Danke! Aber wer erbt im Fall eines Zusammenpralls mit einem Alleebaum eure Grusel-Outfits?

JUNGER MENSCH Ich als Veganerin vermache alles dem Tierschutzverein. Aber wo kriegt man diese tollen weißen Krawatten her?

ANDERER JUNGER MENSCH Ich hinterlasse meine Klamotten lieber der Stadtbücherei in Gera. Damit die Mitarbeiter dort mal aus ihren gräßlichen, hinterwäldlerischen Bluejeans herausfinden. Aber was mich vielmehr interessieren würde: Wo kann man Ihre weißen Krawatten kaufen?

DER NOTAR Die sind Bestandteil der Amtstracht.

EIN DRITTER NOTAR *(schlecht gelaunt und offenbar nicht gut »gebrieft«)* Die kann man nicht einfach irgendwo kaufen und sie sich als Element irgendeiner schrillen jugendkulturellen Festivität um den Hals schlingen!
DER ERSTE NOTAR *(zischelnd)* Sag mal, hast du denn überhaupt nicht kapiert, weswegen wir hier sind?

Nun verlieren die jungen Leute ihr Interesse an den Informationen der Notare, welche daraufhin enttäuscht ihren Tapeziertisch zusammenklappen, worin sie nicht besonders gut geübt sind als Juristen, was für mancherlei Spott sorgt unter den sich allmählich entfernenden Wave-Gotik-Menschen. Ob die Notare daraus gelernt haben, daß Anbiederung zwar bei den meisten, aber nicht bei allen Menschen zum Ziel führt, darf herzhaft bezweifelt werden.

Heiteres Berufe-Abraten Heute: Ein scheußlicher Beruf für kluge junge Frauen

Ein »einfach nur total nett« aussehender Mann mittleren Alters sitzt jovial auf einem Schreibtisch, die Beine weit auseinandergespreizt, wie Männer das so tun, wenn sie Platz haben oder glauben, Platz zu haben. »Man-spreading« nennt man das neuerdings in Nordamerika, und in New York gibt es eine u.a. mit Aufklebern betriebene Kampagne namens »Stop man-spreading«, deren Anliegen es ist, Männer in der U-Bahn zu einer weniger platzraubenden Sitzweise zu bewegen. Männerrechtsgruppen haben sich dazu eine Kontra-Kampagne namens »Stop she-bagging« einfallen lassen. Mit »She-bagging« ist weibliches Vollstellen freier Sitzplätze mit Einkaufstüten gemeint. Doch soll es hier bitte nicht um niedliche Randerscheinungen des Geschlechterkampfes gehen, denn wir befinden uns in Deutschland, dessen Bewohner stets in der Lage sind, auf Mikro-Aggressionen der geschilderten Art ein beherztes »Können Sie vielleicht mal Ihre Taschen da wegnehmen?« zu äußern, und es ist auch kein U-Bahn-Fahrgast, sondern ein achtbarer Berufsberater, der hier vor einer Gruppe baldiger Abiturientinnen die Beine breit macht.

DER BERATER So, ihr frischen klugen jungen Mädchen – ihr wollt also allesamt Ärztinnen werden! Ihr denkt, das Schlimmste an dem Beruf ist die enorme Bürokratie, und tröstet euch damit, daß die Sprechstundenhilfen den runterziehenden Zettelkram schon übernehmen werden. Aber es gibt noch ganz andere Widerlichkeiten, und darüber zeige ich euch jetzt einen kleinen Lehrfilm.

Er legt eine DVD in ein Abspielgerät, und auf dem Bildschirm erscheint die Schrift: SCHRECKLICHE PATIENTEN. Man sieht eine Ärztin am Schreibtisch sitzen. Sie ruft: »Herein, bitte.«
Ein Typ im Trenchcoat betritt das Sprechzimmer. Vom Mantel abgesehen, scheint er nur Flip-Flops zu tragen.

DIE ÄRZTIN Na, was führt Sie denn zu mir?
DER TYP *(den Mantel öffnend und eine leidlich ansehnliche Erektion demonstrierend)* Das hier! In Ihrer sterilen Medizinersprache nennen Sie so etwas vermutlich Glied! Glied – wie sich das schon anhört! Das Wort habe ich zuletzt in den siebziger Jahren gehört. In freier Wildbahn nennt man das einen Ständer! Ich will Ihnen damit nur zeigen, daß es noch etwas anderes gibt als

die schlecht durchbluteten Füße, mit denen Sie sich sonst hier herumschlagen müssen.

DIE ÄRZTIN *(zu müde, um auch nur genervt zu sein)* Ich habe es zur Kenntnis genommen. Sie können sich wieder anziehen.

DER ERIGIERTE Soll ich Ihnen zum Abschied ein wenig übers Haar streichen? Sie sehen so enttäuscht aus! Sind wohl nicht ganz zufrieden mit Ihrer Berufswahl. Na? Schön übers Haar streichen? Soll ich?

DIE ÄRZTIN Nein danke. *(auf ihr Durchsprechkästchen drückend)* Der Nächste bitte!

Eine Frau mit monströs aufgepimptem Melonenbusen betritt das Sprechzimmer.

DIE ÄRZTIN ooO Um Gottes willen!

DIE MELONENBUSENINHABERIN *(ihre Bluse öffnend)* Na, Frau Doktor, da staunen Sie nicht schlecht, was? Und Sie staunen zu Recht: Nicht jede hat so viel von jenem »funky stuff«, der Männer glücklich macht.

DIE ÄRZTIN Und? Was fehlt Ihnen?

DIE BUSENTANTE Mir? Was soll mir schon fehlen? Mir fehlt rein gar nichts, wie Sie unschwer erkennen können. Ihnen fehlt etwas, nämlich alles, womit man einen Mann zur Weißglut bringen kann. Wenn Sie abends nach Hause kommen, haben Sie doch nur Ihre Topfpflanzen. Denen ist es egal, wie Sie aussehen.

Die Ärztin stellt das Radio an.

DIE BUSENTANTE *(ungehalten)* Was fällt Ihnen ein, während des Patientengesprächs das Radio anzustellen? Das melde ich der Ärztekammer oder dem Hartmannbund! Die machen Sie fertig!

DIE ÄRZTIN Hier ist eine Büchse Pillen, und jetzt schönen Tag noch.

BUSENTANTE *(die Pillendose betrachtend)* Magnesium! Davon wird der »funky stuff« bestimmt noch weiter gedeihen. Haben Sie die selbst schon ausprobiert, Lady? Na, offenbar nicht!

DIE ÄRZTIN ∘○O Hätt ich doch lieber Physik studiert wie Frau Merkel. Naja, noch acht Jahre, und dann kommt der Ruhestand bzw. der »Unruhestand«, wie die Wortspielquatschköpfe sagen. Hätt ich doch lieber diesen Mann geheiratet, der mich vor 36 Jahren in der Mensa fragte, ob er sich zu mir setzen dürfte. Und ich dumme Kuh sagte: Nee, da sitzt Mechthild. Dabei war Mechthild an dem Tag gar nicht in der Stadt.

DIE BUSENTANTE Hey, Frau Doktor! Sind Sie gerade am Träumen oder was?

DIE ÄRZTIN *(in der Tat träumend)* ∘○O Wie schön er war! Unsere Begegnung währte gerade einmal fünf Sekunden, doch seit 36 Jahren vergeht kaum ein Tag, an dem ich nicht an ihn denke. Insbesondere frühmorgens kommen die Gedanken, wenn ich eigentlich noch schlafen sollte, aber nicht mehr kann, weil ich längst nicht mehr so lange schlafen kann, wie ich es meinen Patienten empfehle. Aber gottseidank kann ich mir selbst was verschreiben! Wenn Patienten wüssten, was für ein Zeug sich Ärzte selbst verschreiben, wären die Wartezimmer leer!

DIE BUSENTANTE *(mitfühlend)* Hey, Frau Doktor! Was ist denn los mit Ihnen? Vielleicht habe ich mich etwas im Ton vergriffen. Aber Sie sehen gar nicht gut aus, Frau Doktor … *(den Arm der Ärztin befühlend)* Mann, Frau Doktor, wenn Sie mal jemanden zum Quatschen brauchen, dann rufen Sie mich doch einfach an. Wir haben ein riesiges Haus in Grunewald, da ist unglaublich viel Platz zum Quatschen …
DIE ÄRZTIN *(erloschen)* Sie sollten Ihre Implantate hin und wieder kontrollieren lassen. Der Nächste bitte!

Ein komisches Männlein mit einem mit Münzen beklebten Zylinder auf dem Kopf und ungewöhnlich großen Füßen tritt ein.

DIE ÄRZTIN *(tonlos murmelnd)* Na, endlich mal jemand halbwegs Normales!
DAS MÄNNLEIN *(einen Fuß auf den Schreibtisch legend, mit Mainzelmännchenstimme sprechend)* Gucken Sie mal, was ich für schöne Füße habe!
DIE ÄRZTIN *(motorisch)* Einmal in der Woche ein Fußbad, alle zwei Monate zur Fußpflegerin, schön

Einlagen tragen, sich informieren, was es auf dem Einlagenmarkt für Neuigkeiten gibt.

DAS MÄNNLEIN Weiß ich doch schon aus dem Internet.

Die Ärztin stirbt in ihrem Sessel. Ende der DVD.

Zurück in der Berufsschule.

DER BERUFSBERATER Das war ein ganz schön heftiges Filmchen, nicht wahr? Doch habe ich euch das nicht vorgeführt, um euch von eurer Berufswahl abzubringen, sondern nur, um zu zeigen, wie ärztlicher Alltag eben auch aussehen kann.

EINES DER MÄDCHEN Waren das richtige Menschen, oder waren das Schauspieler?

DER BERUFSSCHULLEHRER Das waren natürlich Schauspieler.

EIN ANDERES MÄDCHEN Sie sitzen da mit Ihrem fetten Arsch auf dem Schreibtisch und zeigen uns Scheißfilme mit Schauspielern.

DER BERUFSSCHULLEHRER So drückt ihr euch bedauerlicherweise aus. Aber wundert euch nicht, wenn euch eure mangelnde Ausdrucksfähigkeit eines Tages doch einmal karriereschädigend um die Ohren fliegt.

EIN ANDERES MÄDCHEN Was soll'n jetzt diese Scheiße wieder? Wir wollen Ärztinnen werden und nicht so eine Scheiße hören!

EIN SCHRIFTSTELLER *(den Raum betretend)* Wie soll ich diese fürchterliche Szene bloß zu Ende bringen? Exkursionen in die Unwahrscheinlichkeit mögen hin und wieder schön sein, aber man kann es auch übertreiben, und hier habe ich mich etwas gehenlassen. Gerade junge Damen mit dem Berufsziel Ärztin pflegen in der Realität nicht so wüst zu reden, im Gegenteil: Nicht wenige verstehen es, sich apart und adrett auszudrücken. Die Popsängerin Mary Roos beklagte übrigens neulich in einem Interview, daß sie in den ersten Jahrzehnten ihrer Karriere immer nur als »apart« und »adrett« bezeichnet wurde und nie als »sexy«. Soll sie doch froh sein, dachte ich, »sexy« ist heute alle Welt, aber wer ist schon noch adrett? Immerhin: Ein adrettes Land ist Dänemark. Ein adrettes Auto der Austin Mini. Eine adrette Blume ist das Vergißmeinnicht. Adrette Tiere gibt es nicht. Oder doch? Vielleicht die Muschel? Aber kann etwas Weiches und Schleimiges adrett sein? Die Muschelschale ist auf jeden Fall adrett. Sie ist eine Art Sarg für die lebende Muschel. Stirbt die Muschel, überlebt ihr Sarg, und zwar auf dem Fensterbrett eines Urlaubers. Biologen sprechen auch von einem Exoskelett. Für Menschen mit morschen Knochen, die nicht mehr richtig dufte gehen können, werden auch gerade künstliche Exoskelette entwickelt.

DIE JUNGEN MÄDCHEN Gerade das mit den künstlichen Exoskeletten ist für uns angehende Medizinerinnen natürlich sehr interessant, und wir könnten Ihnen noch stundenlang zuhören, aber wir müssen jetzt ganz dringend etwas einkaufen.

Der Schriftsteller wünscht den jungen Damen einen gesegneten Einkaufsbummel, fühlt sich aber tief in seinem Innersten wie ein abgestelltes Radio. Man kann nur hoffen, daß er sich nicht wieder besäuft.

Der vegane Kuchen

Eine Mutter – eine gute, moderne Mutter von heute – sie ähnelt frappierend Edna Krabappel, der Lehrerin aus den »Simpsons« – klopft, mit einer Sprühflasche in der Hand, an eine Tür, auf der steht: »Do not enter!«

EINE KNABENSTIMME Hereinspaziert!

Der Sohn liegt auf seinem Bett und hört Musik.

MUTTER Grüß dich, Sohn! Darf ich mal kurz das neue Raumspray gegen verstunkene Teenagerzimmer ausprobieren?
SOHN Mann, gibt's da echt ein extra Spray für so was?
MUTTER Ja, die werben jetzt mit »Febreze vertreibt üblen Geruch aus Teenagerzimmern«.
SOHN Diese Industrie ist echt krank! Aber sprüh nur, Mutter, wenn's dir Freude bereitet!

Sohn liegt. Mutter sprüht.
Und sprüht.

SOHN Aber nicht die ganze Flasche auf einmal!

MUTTER *(die Dose sinken lassend)* Versteh schon! Kann ich dir sonst noch was Gutes antun?

SOHN Sag mal, hast du eigentlich mal in dieses vegane Backbuch geschaut, das ich dir zum Muttertag geschenkt habe?

MUTTER *(verlegen)* Ja, reingeschaut vielleicht schon mal, aber …

SOHN Aha. Nicht reingeschaut also! Back doch mal einen veganen Kuchen!

MUTTER *(in der Küche, mit dem Mixer hantierend)* ooo Ist doch besser, sie werden Veganer, als daß sie nach Syrien fahren und Menschenrechtsaktivisten enthaupten. Ist ja auch wirklich zu süß, daß er mir ein veganes Backbuch zum Muttertag schenkt. Was habe ich denn meiner Mutter seinerzeit groß zum Muttertag geschenkt? Eine Single von Ivan Rebroff! »Russisches Mütterlein«. Hat sie auch nie gehört. Aber eigentlich hat sie die nur deswegen nie gehört, weil wir kein Single-Mittelteil hatten. Sonst hätte sie das Lied vielleicht gern gehört, als Ausgleich zu ihrer ordentlich bezahlten, bisweilen jedoch auch zermürbenden Tätigkeit als zweite Chefsekretärin von »Lünebest Joghurt«.

SOHN *(einen Blick in die Küche werfend)* Alles in Butter mit dem veganen Kuchen? Ich gehe mal fernsehgucken!

MUTTER Mach, was du willst, und ich mach, was ich kann.

Die Mutter bringt dem Sohn eine Scheibe Kuchen zur Couch.

MUTTER *(randvoll mit ironisch gebrochener Mutterliebe)* So! Hier hast du deinen original-veganen Teenie-Kuchen aus dem Buch »Vegan for Youth«. Wohl munde es dem gnädigen Herrn!
SOHN *(sohnartig auf der Fernsehcouch lümmelnd)* Mundet garantiert, Mutti!
MUTTER *(erwartungsvoll die Arme über der Brust verschränkend)* Nun koste!

Der Sohn kostet.

MUTTER *(Begeisterung erwartend)* Und?
SOHN *(den Teller beiseite stellend)* Ist schon okay!
MUTTER *(unzufrieden mit der coolen Reaktion)* Soso! »Okay« ist der Kuchen also. Wie bezaubernd! Aber vielleicht sollte ich ja vor Freude auch ein Halleluja singen, weil der Kuchen nach Ansicht meines hochwohlgeborenen Herrn Söhnchens immerhin »okay« ist und nicht »scheiße«. Weißt du, was? Ich geh auf den Balkon, eine rauchen!
SOHN *(durch die Kanäle zappend)* Geh nur rauchen, Mutti, aber wirf die Kippe nicht wieder einfach

auf die Straße. Sie könnte jemandem in die Frisur fallen.

MUTTER *(vom Balkon aus in die Wohnung schreiend)* Ja, das sieht euch ähnlich! Das interessiert euch! Frisuren! Daß ja keinem was in die mühsam gestylte Frisur fällt! Könnte ja was ankokeln! Könnte euch ja das nächste Casting versauen, die angekokelte Frisur!

Die Emanzipation der Unbefugten

Ein nicht näher bezeichnetes Grundstück. Drei unauffällige Menschen stehen davor und betrachten ein Schild, welches die Mitteilung macht: »Für Unbefugte Zutritt verboten!«

ERSTER UNBEFUGTER Damit sind natürlich wieder mal wir gemeint!
ZWEITER UNBEFUGTER Warum dürfen wir eigentlich nirgendwo rein?
UNBEFUGTE DAME Sind wir Unbefugten etwa keine Menschen?

Perspektivwechsel. Buntes Großstadtgewimmel mit allen möglichen Sorten von Leuten. Rollstuhlfahrer bieten einander Zigaretten an, öffnen vergnügt ploppend Bügelbierflaschen, orientalische Leute in bodenlangen Gewändern beißen lustig in Wassermelonenscheiben, Männer gehen untergehakt an »Wasserklops« genannten Brunnen umher, Frauen küssen einander wüst und tropfend, und alle genießen unbekümmert ihre Befugnisse. Die Unbefugten schauen sich das Treiben neidisch staunend an.

ERSTER UNBEFUGTER Guckt doch mal: Angehörige der Lesbian-Gay-Bisexual-Transgender-Queer-Community! Die haben sich ihre Rechte erkämpft! Die lassen sich nicht mehr aussperren und gängeln! Die stehen stolz auf ihren Paradewagen und »strutten« ihren »stuff«. »Strut your stuff and the world will be yours.«

ZWEITER UNBEFUGTER Auch den Migranten macht keiner mehr ihre gesellschaftliche Teilhabe madig bzw. streitig. Die »strutten« auch – auf ihre Weise – ihren »stuff«, und einige klopfen bereits vernehmlich an den Zaun des Bundeskanzleramtes.

DIE UNBEFUGTE DAME Du spielst wahrscheinlich auf Gerhard Schröder an. Der hat aber nicht an den Zaun des Bundeskanzleramtes geklopft, sondern an ihm gerüttelt. An Zäune kann man gar nicht klopfen.

ERSTER UNBEFUGTER An Zäune mit ausreichend breiten Holzlatten kann man durchaus klopfen.

DIE UNBEFUGTE DAME Das Bundeskanzleramt hat doch keinen Holzzaun!

ZWEITER UNBEFUGTER Laßt doch mal das beckmesserische Geplänkel! Laßt uns lieber weiter die Privilegien der anderen bestaunen!

DIE DREI UNBEFUGTEN IM CHOR Ja! LGBTQ-Community-Angehörige. Dürfen knutschen, bis es blitzt und donnert. Migranten! Dürfen Melonen essen, bis es blitzt und donnert! Und nicht zuletzt: Behinderte! Fröhlich rollen sie über Rampen mit angenehmen

Neigungswinkeln in Opernhäuser, Finanzämter und Bioläden! Und inzwischen dürfen sie rauchen und Bier trinken, also die gleichen Laster haben wie die anderen. Allein uns Unbefugten verwehrt man alle Rechte!

ERSTER UNBEFUGTER *(in die Wolken blickend)* Herr, laß Befugnisse regnen!

ZWEITER UNBEFUGTER Befugnisse her! Aber dalli, wenn's geht, und nicht zu knapp!

DIE UNBEFUGTE DAME Befugnisse NOW, sonst knallt's!

EIN ANGEHÖRIGER DER LGBTQ-COMMUNITY Beten, Händeringen und Herumnölen hilft nichts!

EIN MIGRANT Ihr müßt zu den Grünen gehen! Die sind eine traditionsreiche Plattform der Minderheiten.

EIN RAUCHENDER ROLLSTUHLFAHRER Die Grünen sind super Rampensäue!

ZWEITER RAUCHENDER ROLLSTUHLFAHRER Nicht Rampensäue! Das sind doch Schauspieler, die sich in den Vordergrund spielen. Was du meinst, sind Rampenbauer!

ERSTER RAUCHENDER ROLLSTUHLFAHRER Genau! Rampenbauer, ohne die wir niemals vergnügt in Opernhäuser rollen könnten!

ZWEITER RAUCHENDER ROLLSTUHLFAHRER Wo wir leider nicht rauchen dürfen.

Die drei Unbefugten nehmen sich den vielstimmigen Rat emanzipationserfahrener Mitbürger zu Herzen und suchen die Parteizentrale der Grünen auf.

ERSTER UNBEFUGTER Die haben ja gar keinen Zaun.
ZWEITER UNBEFUGTER »Kein Zaun« steht für Transparenz, glaube ich.
UNBEFUGTE DAME Nehmen wir halt die Durchsprechklingelanlage.
DIE DREI UNBEFUGTEN *(in die Durchsprechanlage greinend)* Cem Özdemir! Mach hoch die Tür!
CEM ÖZDEMIR *(mit Durchsprechanlagenstimme)* Ich komme runter.
DIE UNBEFUGTE DAME Jetzt bin ich doch etwas nervös. Vielleicht ist der nicht so nett wie im Fernsehen!

30 Sekunden später. Cem Özdemir ist vor die Tür getreten und weiß als »Politprofi« natürlich genau, wie man Zweifel an seiner eventuell von Fernsehauftritten abweichenden Nettigkeit zerstreut, nämlich indem man erst einmal grundgütig »Hallo erstmal« sagt.

CEM ÖZDEMIR Hallo erstmal!
ERSTER UNBEFUGTER *(sich schüchtern räuspernd)* Hallo!
ZWEITER UNBEFUGTER *(sich ebenfalls räuspernd)* Hallo auch von meiner Seite!

DIE UNBEFUGTE DAME *(sich nicht räuspernd)* Hallo! Sie sehen kleiner aus als im Fernsehen, aber nicht schlechter.

CEM ÖZDEMIR Danke! Was führt Sie denn Schönes zu mir?

DIE DREI UNBEFUGTEN Wir sind eine weitere Bresche, in die Sie sich schlagen können! Kämpfen Sie mit uns für die Emanzipation der Unbefugten!

CEM ÖZDEMIR Was qualifiziert Sie denn zur Emanzipation?

EINER DER UNBEFUGTEN Wir können schmusen wie die Schwulen, grillen wie die Migranten und rauchen wie die Rollstuhlfahrer.

CEM ÖZDEMIR *(stets gesprächsbereit)* Rauchen die so viel? Ist mir bisher gar nicht aufgefallen. Muß ich mal meinen AssistentInnenstab fragen. Aber auf jeden Fall ist das eine ganze Menge, was Sie vorweisen können! Da müßte was zu machen sein. Ich ruf mal die Claudia. *(in die Durchsprechanlage rufend)* Claudia, komm mal g'schwind herbei, hier sind Leudä mit einem dringlichen Anliegen …

> 30 Minuten später. Claudia Roth erscheint mit einem ihrer bekannten bodenlangen Schals.

CEM ÖZDEMIR Das sind die Unbefugten. Die wollen auch überall rein. Können wir das nachvollziehen?

CLAUDIA ROTH Und ob! Als ich noch Managerin von

»Ton Steine Scherben« war, hatten wir oft mit Leuten zu tun, die keine Tickets hatten. Die haben wir auch alle immer überall reingelassen.

CEM ÖZDEMIR *(angefressen)* Ach so! Ich habe mich schon immer gefragt, wie es eine allseits beliebte Rockgruppe fertigbrachte, auf einer einzigen Tournee 300 000 Mark Schulden zu machen. Allmählich verstehe ich!

CLAUDIA ROTH Das war eine ganz andere Zeit damals. Ein total anderes soziokulturelles Umfeld! Das kannst du überhaupt nicht einordnen mit deinem migrationsgeschichtlichen Background. Du bist nicht befugt, so mit mir zu sprechen!

CEM ÖZDEMIR *(fast schon aggressiv)* Ach ja? Nicht befugt bin ich also?

Die Gruppe der Unbefugten gerät in heftiges beratendes Murmeln.

ERSTER UNBEFUGTER Cem! Jetzt, wo Sie selbst zum Unbefugten erklärt worden sind, können Sie doch bei uns den Vorsitz übernehmen!

ZWEITER UNBEFUGTER Ja, treten Sie uns bei! Werden Sie unser Sprachrohr!

CEM ÖZDEMIR Ich werde mir das ganz ernsthaft überlegen! Ich guck mal in meinem Kalender nach, ob's irgendwie geht. Und die Claudia, die sich gerade wieder arrogant in ihr Büro verzogen hat, die soll schön aufpassen, daß sie nicht wieder mal über ihre langen Schals stolpert auf dem Weg zu dem ihr gemäßen soziokulturellen Umfeld!

DIE UNBEFUGTE DAME Stolpern ist immer schlecht.

DER ERSTE UNBEFUGTE Kriegen wir denn auch einen Paradewagen?

DER ZWEITE UNBEFUGTE Man muß ja nicht aufdringlich seine Geschlechtsteile in der Gegend herumschwengeln, aber so ein bißchen sichtbar wollen wir schon werden.

CEM ÖZDEMIR Dafür sorge ich!

Und er sorgt dafür, denn er hat ein großes Büro.

In einem unterfinanzierten Dinosaurierpark

Eine große, grob gemachte, also wenig detailfreudig ausgeführte Tierplastik, könnte ein Nashorn sein oder ein Flußpferd, steht in einer gut eingerichteten Kulturlandschaft auf einem Hügel und – nun, was heißt hier »und«? Sie steht da einfach. Es nähert sich ein Fremdenführer mit einer Gruppe von Touristen, darunter ein Kind sowie ein auffällig großer und häßlicher Mann.

DER FÜHRER *(stolz)* Hier die Hauptattraktion unseres noch jungen, aber quicklebendigen Dinosaurierparks!

DER GROSSE UND HÄSSLICHE Warum sind die Dinosaurier eigentlich ausgestorben?

DER FÜHRER Weil sie es für unnötig hielten, eine zweite Meinung einzuholen.

DER GROSSE UND HÄSSLICHE *(ungläubig)* Das habe ich ja noch nie gehört.

EIN ANDERER TOURIST Ich auch nicht. Wer hat sich denn diesen Käse ausgedacht?

EIN DRITTER TOURIST *(in einem Info-Flyer blätternd)* Hier steht's. Des Rätsels Lösung lautet: Dieser Dinosaurierpark ist eine Einrichtung des »Zweckverbandes Zweite Meinung«, einer Interessengemeinschaft von Anwälten, Ärzten, Handwerkern und Gutachtern.

DAS KIND Ist eigentlich schon jemandem aufgefallen, daß das Tier dort gar kein Dinosaurier ist, sondern ein Nilpferd?

DER FÜHRER Das kann ich erklären. Der »Zweckverband Zweite Meinung« ist eine relative Neugründung und kann sich noch keinen richtigen Dinosaurier leisten.

DER GROSSE UND HÄSSLICHE *(spöttisch)* Man versteht! Die ach so armen Ärzte und Anwälte denken halt: »Hauptsache groß und häßlich.«

ANDERER TOURIST *(zum Großen und Häßlichen schräg emporblickend)* ∘∘○ Muß der gerade sagen!

DER MIT DEM FLYER Es ist eigentlich nicht einzusehen, warum Nilpferde noch immer unseren Erdball bevölkern. Die sind doch sehr gefährlich.

ERSTER TOURIST Fressen alles auf und trampeln alles nieder!

ZWEITER TOURIST Felder, Dörfer, Kindergärten!

DER GROSSE UND HÄSSLICHE *(sich ereifernd)* Sogar von der EU finanzierte volksmedizinische Einrichtungen!

DER MIT DEM FLYER Der Hitler hätte mal lieber die Nilpferde ausrotten sollen als die jüdischen Mitbürger!

Jetzt herrscht erstmal Stille.

DER FÜHRER *(um Fassung ringend)* Das ist natürlich auch eine Art Standpunkt, den man, wenn es auch schwerfällt, respektieren sollte, allerdings ist es weder derjenige der Leitung des Dinosaurierparks des »Zweckverbandes Zweite Meinung« noch meine persönliche! Räusper!

ERSTER TOURIST Immer diese verdammten Nazi-Vergleiche!

DER GROSSE UND HÄSSLICHE *(sich an denjenigen mit dem Flyer wendend)* Mit solchen Vergleichen disqualifiziert man sich doch automatisch. Mensch, das müssen Sie doch wissen! Da bugsieren Sie sich doch automatisch ins Abseits!

DER MIT DEM FLYER *(durchaus ein wenig eingeschüchtert)* Eigentlich war das gar kein Vergleich! Das war doch mehr so eine Art Vorschlag! Eine Idee!

DER FÜHRER *(pikiert)* Ideen sind manchmal ganz schön, aber man muß nicht jede mitteilen. Ich würde sagen, wir wenden uns jetzt mal unseren anderen Attraktionen zu.

ERSTER TOURIST *(gelangweilt nörgelnd)* Haben Sie denn überhaupt noch welche?

FÜHRER *(sich mit der Gruppe entfernend)* Aber selbstverständlich! Zum Beispiel ein Visitor Center mit Gift Shop.

ERSTER TOURIST Geht das auch auf deutsch?

FÜHRER Natürlich! Wir sind ja hier in Deutschland. Klar geht das auf deutsch. Eine, ehm, Besuchenden-Zentrale mit Gift-Geschäft, nee, wie sagt man? Geschenke-Shop.
ZWEITER TOURIST Geht doch!

Das Kind und der Mann mit dem Flyer bleiben am Hügel zurück.

DER FLYER-MANN Was ich eben sagte, sollte wirklich kein Vergleich sein.
DAS KIND *(herrlich altklug)* Hab ich total verstanden! Das war eher ein Vorschlag für eine kontrafaktische Geschichtsutopie.
DER FLYER-MANN *(eifrig)* Eben. Ein Fall von »Was wäre, wenn?«. Wenn sich Geschichte am sogenannten »point of divergence« anders entwickelt hätte. Wenn zum Beispiel Kohl gesagt hätte: »Der Osten stinkt. Den Osten nehmen wir nicht. Den Osten kriegt General Jaruzelski.« Oder wenn Napoleon gesagt hätte: »Die Völkerschlacht machen wir nicht. Wir gehen lieber schön Kaffee trinken in Leipzig.«
DAS KIND Ich versteh Sie total. Wollen wir vielleicht noch einen Kaffee trinken?
DER FLYER-MANN Theoretisch gern. Aber in diesen Nazi-Gedenkstätten kriegt man doch nie einen vernünftigen Kaffee. Natürlich ist es nicht die Aufgabe von Nazi-Gedenkstätten, guten Kaffee zu servieren, aber …

DAS KIND *(lachend)* Das ist hier aber keine Nazi-Gedenkstätte, sondern ein unterausgestatteter Dinosaurierpark!

DER FLYER-MANN *(ausgelassen)* Stimmt! Nazi-Gedenkstätten und Dinosaurierparks werden in den nächsten Jahrzehnten allerdings sowieso zusammengelegt werden. Den Kaffee wird das vermutlich nicht besser machen.

Beide frohgemut ab.

Mitleid in alle erdenklichen Richtungen

Die folgende Szene spielt sich in einer jener gar nicht so wenigen Berliner Traditionskneipen ab, in denen Alteingesessene, studentische Zuwanderer und Touristen stundenweise koexistieren, und zwar viel friedlicher, als es Gentrifizierungskritikern im allgemeinen vorschwebt. Mag sein, daß es sich bei der Gaststätte um das »Metzer Eck« oder die »Bornholmer Hütte« in Berlin-Prenzlauer Berg handelt. Vielleicht befindet man sich auch im Norden Neuköllns. An einem Tisch sitzt lärmend eine größere Runde sogenannter »Feierbiester«, an einem anderen eine kleine Gruppe angestammter Skatspieler. Ein dritter Tisch ist belegt von zwei jungen Menschen, die einander vorübergehend nichts zu sagen haben und daher mobile Kommunikationsgeräte traktieren. Friede an allen Tischen.

Nun aber betritt ein alleinstehender Herr das Lokal und fragt die beiden jungen Menschen, ob es in Ordnung ginge, wenn er sich zu ihnen an den Tisch setze. Es sei sonst nichts mehr frei.

ERSTER JUNGER MENSCH Ja, klar!

ZWEITER JUNGER MENSCH Natürlich!

DER ALLEINSTEHENDE *(nach einer Weile des Umherschauens)* Die machen hier einen Rabatz, daß man meint, sie müssen ganz dringend ihr Rabatzmarkenheftchen vollkriegen.

EINER DER JUNGEN MENSCHEN *(freundlich)* Das verstehen wir nicht.

DER ANDERE JUNGE MENSCH *(auch freundlich)* Rabatzmarkenheftchen? Ist das ein Wortspiel oder was?

DER ALLEINSTEHENDE *(nur eingeschränkt kommunikationsfähig)* Na, da hinten, die!

EINER DER KARTENSPIELER VOM NEBENTISCH *(offenbar mit vorzüglichen Seniorenohren ausgestattet)* Rabatzmarkenheftchen! Das finde ich gut!

ZWEITER KARTENSPIELER Man kann den jungen Leuten aber keine Vorwürfe machen, nur weil sie keine Rabattmarken mehr miterlebt haben.

DRITTER KARTENSPIELER *(offenbar aus dem Westen der Stadt stammend)* Wir haben sie dafür um so intensiver miterlebt! Bei »Butter Lindner« gab es bis in die neunziger Jahre hinein Rabattmarken!

EINER DER JUNGEN MENSCHEN *(flüsternd)* Die armen alten Leute! Husten den lieben langen Tag Schleim und haben von nichts eine Ahnung.

DER ZWEITE JUNGE MENSCH *(auch flüsternd)* Sterben circa 2025, wenn wir gerade mal überlegen, ob wir unser Kind von einem selbstfahrenden Auto in die Schule bringen lassen sollen.
ERSTER JUNGER MENSCH Und nachdem es das Kind zur Schule gebracht hat, kommt das selbstfahrende Auto nach Hause, und wir fahren damit ins Grüne. Man wird das ja irgendwie auf »Holder Drive« umstellen können.
ZWEITER JUNGER MENSCH *(das Smartphone zückend)* Ich guck mal nach, ob es »Holder Drive« schon gibt!

Auch am Rabatzmachertisch macht man sich Gedanken, allerdings nicht viele.

EIN EINZELNER RABATZMACHER ∘○○ Die armen Nichtrabatzmacher! Müssen sich den Rabatz von uns Rabatzmachern anhören.

Intensivere Gedanken macht man sich am Skattisch.

EIN KARTENSPIELER ∘○○ Die armen jungen Leute! Müssen noch bis circa 2080 leben, und zwar in häßlichen, styroporgedämmten Häusern, und den ganzen Tag auf irgendwelche Displays glotzen! Es sei denn, sie laufen beizeiten vor ein selbstfahrendes Auto.
ZWEITER KARTENSPIELER ∘○○ Oder sie machen sich

bis 2080 Vorwürfe, weil ein verrückt gewordenes selbstfahrendes Auto ihr Kind nicht in die Schule, sondern zum einsam gelegenen Haus eines Kinderschänders gefahren hat!

DER KELLNER *(minderwertiges Bier umhertragend)* Die armen jungen Leute! Müssen sich von bornierten Alteingesessenen anlabern lassen. Und die armen Alteingesessenen! Kaum sind sie tot, werden ihre Familienfotos für einen Euro das Kilo bei Ebay an kichernde Kunststudenten versteigert! Und schließlich die armen Rabatzmacher! Haben morgen wahrscheinlich so einen Schädel von dem schalen Erdinger Weißbier, das ich ihnen servieren muß.

> Der Gedankenfluß der Alteingesessenen, der Studenten und der Rabatzmacher vereinigt sich nun zu einem häßlichen Strang.

ALLE ∘○○ Der arme Kellner! Kriegt wahrscheinlich nur 6 Euro 50 pro Stunde und muß im Morgengrauen noch Gratiszeitungen austragen, um seine wegen starkem Übergewicht arbeitsunfähige Frau satt zu kriegen.

> Wir gucken mal in die Wohnung des Kellners. Und in der Tat: Das, was »alle« denken, ist leider wahr!

FRAU DES KELLNERS *(im Bett liegend)* Mein armer Mann! Muß zwei Jobs erledigen, damit er mir meine heißgeliebten cholesterinarmen Bio-Gemüsechips kaufen kann. Aber das sind natürlich nur deutsche Luxussorgen! Wirklich arm dran sind die Leute, die keinen Zugang zu Wasser und medizinischer Versorgung haben. *(in einen Rote-Bete-Chip beißend)* Unsere Welt halt! Voller Widersprüche! Und voller Mitleid ohne jede Konsequenz!

Was so alles geschieht in der Carnaby Street …

… sang Peggy March dereinst, doch auch in anderen Straßen geschieht manches. Wollen wir mal schauen, was genau? Oder wollen wir etwa doch lieber nicht? Ach, schauen wir einfach mal. Aber nicht daß hinterher jemand sagt, man hätte lieber doch nicht schauen sollen!

EIN TYP *(mit seiner Frau durch Nieselwetter gehend)* Das ist ein Nieselwetter!
SEINE FRAU Ein Nieselwetter ist das!
DER TYP Nieselwetter ist das eins!
SEINE FRAU *(ihren Drang zu spaßigen Formulierungen nicht unterdrücken könnend)* Zum Niesepetrigwerden, dieses Nieselwetter!
DER TYP »Niesepetrig« finde ich eine echt geniale Wortschöpfung! *(die Haustür aufschließend und den Flur betretend)* Oh, es ragt etwas aus unserem Briefkasten!
SEINE FRAU *(frohlockend)* Vielleicht eine Einladung zum Pressefest der GEMA oder des ADAC! Ich seh uns schon über die Tanzfläche rauschen!
DER TYP *(den Zettel studierend)* Hm.
SEINE FRAU *(ihren Mann mit dem Rücken des Zeigefingers am Oberarm streichelnd)* Vielleicht ist es auch

die lang ersehnte Nachricht von der Akademie für Sprache und Dichtung in Darmstadt! Wie würde ich es dir gönnen!

DER TYP *(weiterlesend)* Nein. Ein Newsletter! Ein Newsletter über das Nieselwetter!

SEINE FRAU Interessant?

DER TYP *(die Treppe hinaufgehend)* Nö!

SEINE FRAU *(ihrem Mann folgend)* Ich dachte, Newsletter kämen nur elektronisch.

DER TYP Dachte ich auch. Aber dieser muß von einem Newsletterboten ausgetragen worden sein.

SEINE FRAU Hoffentlich hat er sich nicht erkältet bei dem Nieselwetter. Wie leicht wird eine schwere Bronchitis daraus!

DER TYP *(die Wohnungstür aufschließend)* Vielleicht ist jetzt doch das eingetreten, was ich 2002 in meinem umstrittenen Essay im »Merkur« prophezeit habe: nämlich, daß das Internet durchgeschmort ist!

SEINE FRAU Oh, ich erinnere mich noch, wie du damals in Karl Heinz Bohrers Küche von dieser engstirnigen Frau an den Kopf geworfen bekamst, mit Leuten, die glauben, das Internet könnte einfach so durchschmoren, würde sie nicht eine Sekunde länger einen Raum teilen. Sie beanstandete insbesondere das Wort »durchschmoren«. »Durchschmoren« sei kein akzeptabler Begriff im digitalen Diskurs.

DER TYP *(sich an seinen Computer setzend)* Ja, die »Durchschmoren-Debatte«. Ich erinnere mich vage.

Ich schau mal. Hm, hm. Fährt normal hoch. Hm, hm. E-Mail geht zumindest. Oh, ein Schreiben von einer Anwaltskanzlei!

SEINE FRAU *(höchst erwartungsvoll)* Vielleicht eine Einladung zum Jahresball des Rings deutscher Anwälte! Ich sehe uns schon wieder über die Tanzfläche rauschen!

DER TYP Nein. Uns wird vorgeworfen, unrechtmäßigerweise einen Film namens »Amanda's Secret« gestreamt zu haben! Nun sollen wir einen Batzen Geld zahlen!

SEINE FRAU Wir? »Amanda's Secret« gestreamt? Das wird eine Art Porno sein! Bloß nicht antworten! Das sind Abmahn-Anwälte! Von denen habe ich gelesen! Das sind ganz schlechte Menschen, die wie die Maden in Gesetzeslücken kriechen und sich dort fett fressen!

DER TYP Oh, ich könnte regelrecht böse werden. Weißt du, was ich glaube? Wir sollten den Herrschaften mal einen möglichst analogen Besuch abstatten!

SEINE FRAU Sollten wir wohl! Unsere scharfen Zungen werden das sogenannte »Anwaltsgesocks« allerdings nicht beeindrucken! Ich würde mal sagen: Waffen herbei! Und das sage ich als geistige Erbin Bertha von Suttners!

DER TYP Wir sind Pazifisten! Wir besitzen keine Waffen!

SEINE FRAU *(eine Zahnbürste emporhaltend)* Ich habe

nur mal so eine kleine Idee: Man könnte ihre Fußsohlen mit unserer elektrischen Zahnbürste traktieren.

DER TYP Das ist bestimmt unangenehm, aber keine ausreichende Strafe. *(nach einer Weile des Nachsinnens)* Ich habe auch eine Idee!

SEINE FRAU Ja?

DER TYP Wir waren doch vor einigen Jahren beim Karfreitagsball der deutschen Paläoanthropologen!

SEINE FRAU Ja! Was haben wir schön getanzt! Amanda Lear! Follow me! In der seltenen Maxi-Version! Hörte gar nicht wieder auf! 10 Minuten 45 Sekunden! Schieres Glück! Wie bei 5 Minuten 35 der Gong kommt und dann die Streicher so richtig schön loslegen! Ein einziges Schweben!

Schwenk aufs Publikum.

EIN SCHLICHTES GEMÜT Was sind'n Paläoanthropologen?

EIN NASEWEISER SCHÜLER Paläoanthropologen sind diejenigen, die sich um die Frühmenschen kümmern.

DAS SCHLICHTE GEMÜT Frühmenschen? Meinst du Zeitungsausträger? Wer kümmert sich denn schon groß um die? Die streichen doch toteneinsam durch die Morgenfinsternis für nicht mal 7 Euro die Stunde.

DER NASEWEISE SCHÜLER Find ich nicht gut, diese zynische Art immer.

DAS SCHLICHTE GEMÜT Verstehe ich nicht. Meine Mutter hat jahrelang frühmorgens Zeitungen ausgetragen.

Zurück zum pazifistischen Ehepaar.

DER TYP Für den Ball der Paläoanthropologen, auf dem du so schön zu Amanda Lears Extended Disco Remix getanzt hast, haben wir uns doch damals zwei Neandertaler-Kostüme bestellt, und zu denen gehörten auch zwei Keulen! Die nehmen wir mit zu unserem kritischen Besuch bei den abscheulichen juristischen Herrschaften!
SEINE FRAU Am besten, wir ziehen das komplette Kostüm an! Dann wird es umso stilechter!
DER TYP Ihr Frauen immer mit eurem »stilecht«! Aber wenn du magst …

Wenig später. Die beiden stapfen in Neandertalerkostümen samt Keulen durch die Stadt in Richtung Anwaltskanzlei.

DER TYP So. Da wären wir!
SEINE FRAU Was ist, wenn sie uns in dieser Aufmachung den Zutritt verwehren?
DER TYP Ich habe mir einen Trick überlegt. Ich drück mal auf die Klingel. *(in die Durchsprechanlage hineinsäuselnd)* Hier ist Pfaff, Anton Erwin Pfaff. Ich komme

vom Bundespräsidialamt und hätte hier ein Bundesverdienstkreuz für Sie! Für eine besonders bürgernahe Auslegung unseres Rechtswesens!

ANWALTSSTIMME *(aus dem Lautsprecher rausquäkend)* Ui, das freut uns. Kommen Sie bitte hoch!

DER TYP Leider habe ich mir den Fuß verknackst und kann keine Treppen steigen. Kommen Sie doch bitte runter. Alle bitte! Der Preis ist ja für die ganze Kanzlei!

Zwei ausgesprochen hübsche und eigentlich sogar begehrenswerte, mit Haifischkrägen ausgestattete Anwälte treten fröhlich auf die Straße. Man könnte fast glauben, es handele sich um bestimmte talkshowbekannte junge FDP-Politiker, aber das ist natürlich »totaler Quatsch«.

DIE ANWÄLTE *(modernstes Vokabular beherrschend)* Es ist so süß, daß wir endlich auch mal ein bißchen positives Feedback kriegen nach all den Shitstorms der letzten Jahre …

Das Ehepaar, das wir anfänglich als redlich besorgtes Duo kennengelernt haben, welches sich über bürgerliche Dinge wie das Nieselwetter und das Durchschmoren des Internets Gedanken macht, wird nun »echt unangenehm« und macht von den Neandertaler-Keulen heftigsten

Gebrauch. Schriftsteller minderer Güte würden die sich leider zutragenden Gewaltaktionen, insbesondere, was das aus den Schädeldecken herausspritzende Blut betrifft, auf mehreren Seiten »genüßlich auswalzen«, aber Schriftsteller minderer Güte sind gerade nicht zur Hand, weswegen die interessierten Leser sich mit der Vorstellung begnügen sollten, daß es recht unappetitlich zugeht. Am Ende liegen die Anwälte jedenfalls blutend und bewußtlos auf dem Rücken.

DER TYP *(bluttriefend)* Da liegen sie.
SEINE FRAU *(ebenfalls rot bespritzt)* Und jetzt? Das kann es ja nicht gewesen sein. Irgendwas muß doch noch kommen!
DER TYP Vielleicht hätten wir doch die elektrische Zahnbürste mitnehmen sollen!

In der Nähe macht sich ein Arbeiter mit einer Kettensäge an einem Baumstrunk zu schaffen.

DIE FRAU *(den Arbeiter betrachtend und sogleich Übles planend)* Ich glaube, das Konzept »elektrische Zahnbürste« ist durchaus noch steigerungsfähig! *(dem Arbeiter zurufend)* Würden Sie sich bitte zu uns bemühen? Wir hätten Interesse an Ihrer, räusper, »Steigerung von Zahnbürste«.

DER ARBEITER *(sehr schlechte Zähne zeigend)* Ihnen gefallen meine Zähne nicht? Mir, ehrlich gesagt, auch nicht!

DIE FRAU Nein! Uns gefallen Ihre Zähne gut! Wir würden Sie nur gern bitten, diesen Herren die Köpfe abzusägen.

DER ARBEITER Also hören Sie mal! Ich gehe zwar noch seltener in die Kirche als zum Zahnarzt, aber gewisse ethische Grundüberzeugungen habe ich trotzdem.

DER TYP *(dem Arbeiter ins Ohr flüsternd)* Wir doch auch! Aber das sind Abmahn-Anwälte!

DER ARBEITER Ach so! Na, denn ... Was soll ich noch mal absägen?

DIE FRAU Die Köpfe!

DER TYP Nicht die Köpfe! Das ist so alttestamentarisch-ordinär. Lieber die Bauchdecken aufschneiden!

SEINE FRAU Einverstanden!

DER ARBEITER Soll ich durch die Anzüge durchsägen oder wollen Sie die Herrschaften vorher entkleiden, um die Anzüge karitativen Zwecken zuzuführen?

DER TYP Ach, wer soll denn den Anzug von so einem Schwein tragen?

Der Arbeiter sägt die Anwälte auf. Es spritzt natürlich reichlich.

DER ARBEITER Gut, daß ich nicht meine Sonntagssachen anhabe! Da würde meine Frau schimpfen.

Und die schimpft schon genug wegen meiner schlechten Zähne!

DIE FRAU *(zu ihrem Mann)* Unsere Steinzeitkostüme allerdings können wir uns von mir aus einsauen. Die tragen wir ja eh nie wieder! *(weiter mit Wohlwollen die Sägerei verfolgend)* Mann, das ist ja wie bei »Itchy und Scratchy«! Ich fühle mich ein bißchen wie Lisa Simpson. Die hat ja, genau wie ich, eigentlich eher gehobene Moralbegriffe, aber bei »Itchy und Scratchy« freut sie sich auch immer!

DER TYP *(die Sägeaktion weiter verfolgend)* Ja, da gibt es Parallelen zwischen Lisa und uns. *(dem Arbeiter, der seine Säge ausstellt, einen Zehn-Euro-Schein reichend)* Danke, daß Sie uns so nett behilflich waren. Das ist leider keine Selbstverständlichkeit mehr in unserer oft unachtsamen Zeit. Deswegen als Dankeschön ein kleiner Obolus.

Etwas später. Stark besudelt und mit Eingeweiden behangen, betritt das Paar sein Stammlokal.

DIE WIRTIN Hey! Ihr mal wieder! Wart ihr auf Hawaii?

DIE FRAU Nein, das sind keine Blumengirlanden. Das sind Gedärmgirlanden!

DIE WIRTIN Wart ihr bei einem Reenactment einer historischen Schlacht oder so?

DER TYP Nein, das sind echte Eingeweide sogenannter

Abmahn-Anwälte, die wir eben in einem Anfall von Gerechtigkeitssinn von einem Mitarbeiter des Gartenbauamts haben body-modifizieren lassen, der sich über die 10 Euro sehr gefreut hat.

WIRTIN Ach so! Dann nehmt mal Platz!

DIE FRAU Platz nehmen? Wir? No way! Wir möchten tanzen.

Sie tanzen.

EIN EINSAMER GAST AM TRESEN Also, ein bißchen abstoßend finde ich das schon. Dieses Herumwedeln mit den Gedärmtrophäen auf der Tanzfläche!

DIE WIRTIN *(ein Glas trocken reibend)* Ach weißt du, Lars: Als die Eisenbahn erfunden wurde, fanden die Leute das abstoßend. Dann kam das Frauenwahlrecht. Das fanden manche anfangs auch abstoßend. Alle neuen Ideen werden zunächst bekämpft.

DER EINSAME GAST Irgendwie hänge ich immer noch der Illusion an, daß jeder Mensch, und sei er der dreckigste Abmahn-Anwalt der Welt, ein Recht auf körperliche Unversehrtheit hat.

DIE WIRTIN Hast du wieder dein Einsamkeitsgebrabbel, Lars? Soll ich dir ein Taxi rufen?

Spröde ist nicht selten das Zusammensitzen

Ein unfrohes Paar in einem bescheidenen Ristorante. Man möchte eigentlich nicht wissen, was diese beiden traurigen Figuren einander zu sagen haben sollten, aber …

ER Klein bißchen hungrig bin ich schon. Aber ich will den Faden nicht verlieren, zumindest deinen Faden nicht. Also, wo waren wir stehengeblieben? Ich finde schon, daß unsere Beziehung etwas Wertvolles ist!
DER KELLNER Sie haben ja noch gar keine Kerze!
SIE Also, ich gebe dir recht in der Beziehung, daß unsere Beziehung etwas ganz Besonderes ist, aber gerade deswegen meine ich, daß …
DER KELLNER Ach, das tut mir leid, daß Ihre Kerze wieder ausgegangen ist. Ich habe schon beim Großhandel angerufen und gesagt: Die Kerzen sind schlecht. Die gehen immer sofort wieder aus.
SIE *(zum Kellner)* Danke! *(zu ihrem Partner)* Ich finde einfach, daß wir nicht so tun können, als ob …
DER KELLNER Sie haben noch gar keinen Muschel-Aufsteller!

Der Kellner stellt einen Muschel-Aufsteller auf den Tisch.

Jetzt ist Muschelsaison!
Genießen Sie frische Muscheln
von der Urlaubsinsel Föhr.

ER *(den Muschel-Aufsteller vorlesend)* Jetzt ist wieder Muschelsaison! Genießen Sie frische Muscheln von der Urlaubsinsel Föhr!

SIE Ich mag diese Masche nicht. Wenn du keine Lust hast, dich auseinanderzusetzen, liest du immer irgendwelche Muschel-Aufsteller vor. Oder Beaujolais-Aufsteller! Oder Aufsteller für irgendeine neue kalorienreduzierte Schorle. Oder was auch immer für Aufsteller.

ER ∘○○ Früher hatte sie Witz! Da hat sie gefragt, wenn ich den Muschel-Aufsteller vorgelesen habe: »Muschelsaison! Und wann ist wieder Kuschelsaison?« Aber jetzt …

SIE Ich weiß genau, was du denkst! Muschelsaison! Kuschelsaison! So einen primitiven Dreck denkst du nämlich immer, wenn du nichts sagst! Ich mag diese Art Wortspielhumor aber nicht! Das habe ich dir schon 2009 gesagt, als du am Gardasee einen ganzen Abend nichts gesagt hast! Den ganzen gottverdammten Abend nicht!

ER Gut, wenn ich nichts denken soll, lese ich eben wieder den Muschel-Aufsteller vor: Frische Muscheln von der Insel Föhr. Komisch: Auf Föhr war ich nie.
SIE Ich auch nicht! Ich war mal auf Amrum. Aber Inseln, auf denen ich war, interessieren dich ja eh nicht. Hätt mich allerdings, auf Amrum damals, verlieben können in einen tollen jungen Kerl. Waren welche da! Massenhaft! Mit Superbodys!
ER *(verträumt, die Anwesenheit seiner unfreundlichen Frau einen Moment lang vergessend)* Vor deiner Zeit war ich mal in Arcachon, das ist so eine Austerngegend in der Nähe von Bordeaux. Also, ich muß schon sagen: Dieses Zitronengeträufel und dann dieses Ausschlürfen, das hat schon so was von, von …
SIE *(aggressiv)* Von was? Sag mir, von was! Kann mir schon denken, was für ein selbstgefälliger Pornodreck dir mal wieder vorschwebt.
ER Ich sage jetzt überhaupt nichts mehr. Du bist gerade wieder so extrem herbe und anti!

Eine Stunde später.

SIE So! Jetzt gehen wir aber mal!
ER Darf ich eventuell noch meinen Kaffee austrinken?
SIE Du immer mit deinem Eventuell-noch-deinen-Kaffee-austrinken-Dürfen!
ER Was heißt hier: ich mit meinem Eventuell-noch-meinen-Kaffee-austrinken-Dürfen?

SIE Na, wer ist denn von uns beiden derjenige, der immer noch eventuell seinen Kaffee austrinken dürfen möchte, wenn ich sage, daß ich total müde bin und morgen noch einen Riesenberg Arbeit vor mir habe. Arbeit, für die du dich natürlich nicht im geringsten interessierst!
DER KELLNER Ich glaube, Ihr Muschel-Aufsteller ist umgefallen! *(den Muschel-Aufsteller wieder in Position bringend)* So, jetzt steht er wieder schön.
ER *(zum Kellner)* Danke! *(zu seiner Partnerin)* Wenn du so fragst, werde das wohl ich sein.
SIE *(herrisch)* Ich sage dir mal eins. Ich sitz hier, und du sitzt da. Aber sobald wir dieses Restaurant verlassen haben, gehe ich *(nach rechts deutend)* in diese Richtung, und du gehst *(nach links deutend)* in jene! Und denk bloß nicht, daß wir einander versöhnlich umarmen werden, sollten wir uns zufällig wiederbegegnen, nachdem wir beide eine halbe Stunde verdrossen durch den Ort gestapft sind! Wir werden aneinander vorbeilaufen und eine sehr schlechte Nacht verbringen, getrennt voneinander natürlich!

DER KELLNER ooo Bei manchen Leuten bringt selbst der Muschel-Aufsteller nichts.

Der Rattenkönig

Spätnachts. Eine einsame Tankstelle in Thüringen. Die Tankwartin lehnt an einer Zapfsäule und lackiert sich die Fingernägel. Sie sieht zwei Scheinwerfer nahen und schraubt die Nagellackflasche zu, denn eines weiß sie: Um diese Zeit haben die Leute Zeit zum Erzählen. Und genau so kommt es ...

DER NÄCHTLICHE KUNDE *(die Benzinpistole in den Kraftstoffstutzen rammend)* Ich hatte einen Schuh falsch zugebunden und mir so einen enormen Fehlknoten verschafft. Ein wahrer Rattenkönig von Chaosknoten war entstanden. In unserer Familie nennen wir so etwas Rattenkönig. Da es anstrengend ist und seine Zeit dauern kann, ein solches Problem zu lösen, stellte ich den Schuh zum Aufknüpfen auf den Küchentisch.

DIE TANKWARTIN Bei uns im Museum in Altenburg kann man einen echten, mumifizierten Rattenkönig besichtigen. Zwölf Ratten, die an den Schwänzen verknotet sind. Aber einen verknoteten Schuh nennt man bei uns in der Altenburger Gegend ebenfalls Rattenkönig.

DER TANKENDE Ach, wirklich? Ich dachte, das Wort würde man nur in unserer Familie verwenden.
DIE TANKWARTIN Nee, wir sagen das auch. Aber erzählen Sie doch weiter! Was geschah denn, nachdem Sie Ihren Schuh zum Auflösen des Rattenkönigs auf den Küchentisch gestellt haben?
DER TANKENDE Meiner eheähnlichen Mitbewohnerin gefiel das gar nicht. Man kann sich kaum vorstellen, wie sie auf mich einmonsterte …

Rückblende

DIE FRAU Die dreckigen Botten auf dem Küchentisch? Dann mußt du dich nicht wundern, wenn wir demnächst alle krank werden!
DER MANN Nee, wenn wir demnächst alle krank werden, wundere ich mich bestimmt nicht. Ich weiß ja, das kommt davon, daß ich meinen Schuh auf den Küchentisch gestellt habe.

DIE TANKWARTIN Frauen sind da pingelig.
DER TANKENDE Eines Abends hatten wir Sex. Normalerweise liegen wir ja richtig herum aufeinander, aber weil meine eheähnliche Mitbewohnerin in einer Zeitschrift gelesen hatte, daß es reizvoll sein könnte, auch einmal verkehrt herum aufeinanderzuliegen, probierten wir das einfach mal aus …

DER MANN Ich kann nicht. Ich finde deine Füße so ungepflegt. Ich kann nicht mit einer Frau, die Nagelpilz hat. Jedenfalls nicht so rum. Deine Nägel sind braun wie ein Tier und hart wie Geweih.
DIE FRAU Du bist ja nicht mehr normal. Du mußt mal zum »Psycholohng« gehen.
DER MANN Und du zum »Podolohng«!
DIE FRAU *(sich aus der sexuellen Stellung lösend und schreiend)* Gut! Ich gehe morgen zum »Podolohng« und du zum »Psycholohng«! Übermorgen gucken wir dann, wie das weitergehen soll mit uns zwei beiden!

DER MANN *(auf der psychologischen Beratungsbahre liegend)* Meine Mutter faßte mir ins Haar und sagte: Er hat diesen Haarwirbel hier vorne. Mit diesem Haarwirbel kann er doch nicht Rechtsanwalt werden. Und meine Großmutter sagte sogar: Mit diesem Haarwirbel kann er allerhöchstens Würstchen verkaufen.
DER PSYCHOLOGE Früher war das halt so.

DIE FRAU *(im Behandlungsstuhl des Fußpflegers)* Mein Mann sagt, daß ihn meine Zehnägel abturnen.
DER FUSSPFLEGER *(Kater Karlo oder einem Panzerknacker ähnelnd)* Och, das sieht doch noch einigermaßen schön aus. Ein bißchen was machen müssen

wir natürlich, und für zu Hause empfehle ich Ihnen Wochenlack.

DIE FRAU Wochenlack?

KATER KARLO Wochenlack ist Heillack für einmal die Woche.

DIE TANKWARTIN Normalerweise sind Fußpfleger aber Frauen und keine Typen, die wie Kater Karlo aussehen.

DER TANKENDE Wir leben heute eben in einer Zeit gewaltiger Umbrüche. Bis vor kurzem gab es auch keine Tankwartinnen.

DIE TANKWARTIN Stimmt! Wie ging es bei Ihren psychologischen Sitzungen weiter?

Dritte Rückblende

DER MANN *(auf der Psycholiege)* Dann kam ich für drei Jahre zu meiner Tante aufs Land. Du bist allenfalls wert, die Hühner zu rupfen, meinte die Tante. Da sagte ich: Ich mag die Hühner nicht rupfen. Da meinte die Tante: Dann muß ich dich in den Mostkeller sperren. Doch auch dort hatte ich keinen Frieden. Jeden Abend kam der Onkel in den Mostkeller und wollte … nicht, was Sie jetzt denken, sondern mit mir Schach spielen. Aber es war so dunkel im Mostkeller, daß ich die Figuren nicht erkennen konnte. Da sagte der Onkel zur Tante: Der Junge braucht eine

Brille. Die Tante meinte dann: Der Junge braucht keine Brille, sondern eine starke Hand. Naja, und der Onkel verfuhr dann eben so, wie er selber erzogen worden war.

DER PSYCHOLOGE So war die Zeit damals.

DER MANN Und dann kam meine erste Freundin. Die sagte: Du kannst keinen lieben, weil du selber nie geliebt worden bist. Da sagte ich: Ja, dann lieb du mich doch halt. Dann hat der Teufelskreis ein Ende. Da meinte die: Ach, das ist schwer, jemanden zu lieben, der selber nicht lieben kann. Dann kam die zweite Freundin, die liebte mich zu sehr, und ich sagte: So intensiv, wie du mich liebst, kann ich dich leider nicht lieben. Lieb mich einfach ein bißchen weniger, dann wäre es weniger stressig für mich, dich auf ähnlichem Level zurückzulieben. Und schließlich kam meine jetzige Partnerin mit ihren leider etwas unappetitlichen Füßen.

DER PSYCHOLOGE Tja, so kann es kommen.

Die »jetzige Partnerin« bei der Fußpflege.

KATER KARLO Ich meine, wenn Ihr Freund sich an Ihren aus meiner fachmännischen Sicht nicht übermäßig bräunlichen Fußnägeln stört, würde ich vorschlagen, daß Sie im Bett vorübergehend Söckchen tragen. Es gibt da inzwischen sehr anregende Kreationen. Die Sockenhersteller sind ja nicht auf den

Kopf gefallen und mit den Problemen heutiger Frauen durchaus vertraut.

DIE FRAU Meinen Sie, das hilft?

KATER KARLO *(heiser und allwissend lachend)* Und ob!

DIE FRAU *(des Sockenthemas müde)* Wissen Sie eigentlich, was ein Rattenkönig ist?

KATER KARLO Ja! Wenn die Schwänze von mehreren Ratten aufgrund zu beengter Lebensverhältnisse unzertrennbar miteinander verknoten und verkleben – das nennt man einen Rattenkönig. Ich sage auch immer Rattenkönig, wenn ich mir die Schnürsenkel zu kompliziert gebunden habe und sie nicht mehr aufkriege. Aber es gibt auch Rattenkönige im seelischen Bereich.

DIE FRAU Das sagt mein Freund auch.

KATER KARLO Haben Sie eine BahnCard?

DIE FRAU Ja!

KATER KARLO Dann können wir doch mal nach Altenburg fahren und uns den im dortigen Museum ausgestellten Rattenkönig anschauen.

DIE FRAU Gern!

KATER KARLO Und Ihr Freund hat nichts dagegen?

DIE FRAU Der fährt vielleicht mit seiner Psychologin auch irgendwo hin.

KATER KARLO *(scherzhaft)* Hoffentlich treffen wir uns dann nicht zu viert vor der Vitrine mit den verknoteten Ratten!

DIE FRAU Dann gehen wir halt Kaffee trinken!

DIE TANKWARTIN Und: Sind Sie mit Ihrem Psychologen irgendwo hingefahren?

DER TANKENDE Nein! Das soll doch total schädlich sein, mit seinem Therapeuten privat irgendwo hinzufahren.

DIE TANKWARTIN So sehen wir Tankwarte das auch. Nie was mit einem Tankenden anfangen, oder einerrr Tankenden. So lautet eine unausgesprochene Regel des Bundesverbands deutscher Tankstellenbetreiber. *(plötzlich ganz verträumt)* Aber neulich tankte bei mir eine rein weibliche Rockgruppe. Einer der Musikerinnen habe ich Weintrauben geschenkt und ihr meine Telefonnummer in die Trauben gesteckt. Ist erst ein paar Tage her …

DER MANN *(in sein Auto steigend)* Na, vielleicht meldet sie sich ja noch.

DIE TANKWARTIN Wär schön …

DER MANN *(davonbrausend)* War auch schön mit Ihnen. Ich find's immer toll, wenn man sich mal ein bißchen unterhalten kann …

Ach, immer diese lästigen Interviews mit der dummen Rockpresse!

Wir sehen drei breitschultrige Frauen von hinten. Eine trägt ein weißes Herrenunterhemd, die anderen beiden T-Shirts, auf deren Rücken steht:

Schindmähre

***

Hackbrät-Tour

*

11. 10. Wurzen, Ringelnatz-Stübchen
12. 10. Day off
13. 10. Crimmitschau, Parkplatz vorm Nahkauf
8. 11. Gera, Otto-Dix-Halle (aus organisatorischen Gründen verlegt ins Otto-Dix-Stübchen)
9. 11. Gera, Otto-Dix-Stübchen (Zusatztermin)
25. 11. Quirla, Schleudersitz (Eintritt frei)
27. 11. Schlöben, Vogtländische Klönstube
12. 12. Stadtroda, Festival »Das Holzland läßt den Motor heulen«

TYP Hey, cooles Shirt. Habt ihr davon noch welche?
DIE DREI ROCKMUSIKERINNEN *(sich umdrehend)* Die Stimme kennen wir doch! Der Mirko von der Zeit-

schrift »Intro«! *(den Rockjournalisten highfivend)* Da freuen wir uns aber nicht wenig!

TYP Hey, eure »Hackbrät-Tour« ist gerade zu Ende gegangen.

ERSTE MUSIKERIN Aber nur, weil die Plakate alle sind!

TYP Habt ihr einen Unterschied zwischen dem Westpublikum und dem Ostpublikum festgestellt?

ERSTE MUSIKERIN Nein.

ZWEITE MUSIKERIN Bislang waren wir aber auch nur im Osten.

TYP Reagiert das Ostpublikum nicht viel emotionaler?

ZWEITE MUSIKERIN Das schon.

TYP Spürt ihr nicht manchmal eine unglaubliche Energie durch das Feedback, das ihr bekommt?

ERSTE MUSIKERIN Manchmal ja.

ZWEITE MUSIKERIN Aber man kann sich auch täuschen. Einmal dachte ich, wow, heute haben wir einen Wahnsinnsapplaus gehabt. Doch hinterher wurde mir klar, das war nur die Tür vom Dixi-Mietklo gewesen, die vom Wind auf- und zugeschlagen wurde.

TYP Krasse Begebenheit! Saß jemand drin?

ERSTE MUSIKERIN Nee. Unsere Fans sind zwar hart drauf, aber die Klotür machen die schon zu.

ZWEITE MUSIKERIN *(sich räuspernd)* Manchmal jedenfalls.

TYP Wie macht ihr das eigentlich organisatorisch? Eßt ihr im Bus? Oder im Backstage? Und muß man auf so einer Tour nicht wahnsinnig oft tanken?

ERSTE MUSIKERIN Wir mußten nur einmal tanken.

TYP War das teuer?

ERSTE MUSIKERIN Nein.

TYP Habt ihr euch mit dem Tankwart unterhalten?

ERSTE MUSIKERIN War eine Tankwartin.

TYP War die gut drauf?

ERSTE MUSIKERIN Die war ziemlich entspannt.

ZWEITE MUSIKERIN Die hat uns Weintrauben geschenkt.

DRITTE MUSIKERIN *(sich erstmals zu Wort meldend)* Mir hat sie die Weintrauben geschenkt! Die waren nicht für euch!

ZWEITE MUSIKERIN Okay. Dann waren sie halt nur für dich. Sind die eigentlich noch im Auto?

ERSTE MUSIKERIN Da waren schon die Fliegen dran. Die habe ich heute morgen weggeschmissen.

DRITTE MUSIKERIN *(aus dem Häuschen)* Du hast was? Mann, das waren meine! Mei-ne! Verstehst du? Mei-ne!

ERSTE MUSIKERIN Entspann mal! Die haben schon gesuppt!

DRITTE MUSIKERIN *(schreiend davonlaufend)* Mann, ihr seid solche Schweine, solche Walrösser, solche Schweinedykes …

ERSTE MUSIKERIN Die Jessi ist unsere Romantikerin.

TYP Alles klar. Letzte Frage: Euer letztes Album wurde ja als euer persönlichstes gefeiert. Habt ihr vor, diese Schiene weiter zu bedienen?

ERSTE MUSIKERIN Nee. Wir wollen uns ja für unsere Fans mit jedem Album neu erfinden.

ZWEITE MUSIKERIN Könnte daher passieren, daß unser nächstes Album wieder eine Spur unpersönlicher wird.

TYP Nach dieser Ankündigung bin ich bestimmt nicht der einzige, der jetzt total gespannt ist.

Die Heranwachsenden und die Handfeuerwaffen

Zwei Heranwachsende überqueren einen menschenleeren Platz. Der eine zieht einen Bollerwagen mit Gewehren hinter sich her. Der andere trägt ein rotes Strafgesetzbuch unterm Arm.
Im Hintergrund sieht man einen Herrn vor einem Café sitzen, der Wein trinkt und Zeitung liest.

ERSTER HERANWACHSENDER Komm, laß uns ein wenig mit den Feuerwaffen hantieren.
ZWEITER HERANWACHSENDER *(das Gesetzbuch aufschlagend)* Warte! *(vorlesend)* Minderjährige dürfen nur dann mit Waffen hantieren, wenn ein weisungsbefugter Waffenbefähigter zugegen ist.
ERSTER HERANWACHSENDER Schade!
ZWEITER HERANWACHSENDER Aber da hinten sitzt ein volljährig wirkender Herr!
ERSTER HERANWACHSENDER Den sollten wir schleunigst konsultieren!

Die jungen Herrschaften begeben sich zu dem weintrinkenden Herrn und fragen ihn aus.

ERSTER HERANWACHSENDER Hey Mann! Sind Sie weisungsbefugt?

DER WEINTRINKER Glaub schon!

ZWEITER HERANWACHSENDER Sind Sie auch waffenbefähigt?

DER WEINTRINKER Wüßt nicht, wieso nicht.

ERSTER HERANWACHSENDER Und sind Sie zugegen?

DER WEINTRINKER Leider nicht. Ich bin leicht weggetreten. Der Alkohol!

ERSTER HERANWACHSENDER Schade! Dann müssen wir halt Ball spielen!

ZWEITER HERANWACHSENDER Oder Blumen pflükken, Hasen streicheln und milde dankend der Eltern gedenken!

Nun spielen die Minderjährigen in der Mitte des Platzes mit Hasen und Bällen. Ob sie dabei »milde dankend« ihrer Eltern gedenken, läßt sich nicht genau erkennen. Der Waffenwagen steht verwaist im Abseits. Der Weintrinker liest weiter in der Zeitung, doch nach einer gewissen Zeit fällt ihm ein, daß er den Heranwachsenden etwas zurufen könnte.

DER WEINTRINKER Kinder, kommt mal her! Ich wüßte jemanden, der zugegen ist. *(den Heranwachsenden, die rasch herbeigeeilt sind, aus der Zeitung* *vorlesend)* Im Österreichischen Kulturinstitut wird heute die Ausstellung »Mauschelei und Wahnsinn« eröffnet. Auch der österreichische Botschafter wird zugegen sein.

DIE HERANWACHSENDEN Danke! Möge der Wein auch weiterhin munden!

> Die folgenden Szenen – oh weh – spielen sich im Österreichischen Kulturinstitut ab: Großes Gedränge. Kunstfreunde stehen vor beachtenswerten geometrischen Acrylobjekten.

EIN MANN Eines muß man den Ösis lassen. Mauscheln können Sie.

EINE FRAU Aber ob das alles wirklich handgemauschelt ist, läßt sich schwerlich sagen.

> Im Hintergrund ein feiner und nicht besonders fetter Herr mit Zigarre und Fahrradhelm. Er unterhält sich mit einer traditionell gekleideten Dame.

ERSTER HERANWACHSENDER Sieh mal einer an! Eine Respektsperson mit Fahrradhelm und Zigarre! Man möge mich rösten, wenn das nicht der Botschafter ist!

ZWEITER HERANWACHSENDER Und mich möge man rösten, wenn die Dame nicht die Vorsitzende der Österreichischen Brauchtumskammer ist!

Die Heranwachsenden schlagen sich zum Botschafter durch.

DER ERSTE HERANWACHSENDE Herr Botschafter, Herr Botschafter!

DER ZWEITE HERANWACHSENDE In der Zeitung steht, Sie seien zugegen! Entspricht dies den Tatsachen?

DER BOTSCHAFTER San mer net alle irgendwo zugegen? Karl Kraus schrieb einmal, Zugegensein sei das Dynamit der, der – föllt mir grad net ein. Apropos Dynamit: Was wollt ihr denn mit dera depperten Woffn?

DIE HERANWACHSENDEN In Gegenwart zugegener Weisungsbefugter hantieren.

DER BOTSCHAFTER Nanana! A Kunstvernissage ist ka schönes Ambiente für an Amoklauf, und wär er noch so gut beaufsichtigt. *(auf einen Wandschrank deutend)* Kommts, losst uns dera Woffn da einispörrn. Da soll sich moagen der Hausbesoaga drum kimmern.

Ein verpunkter und verpickelter alter Mensch mit Drogenglubschaugen erscheint.

DIE HERANWACHSENDEN *(besorgt)* Ist das der Hausbesorger?

DER BOTSCHAFTER *(die Waffen in den Wandschrank*

stellend) Nein, das ist der sogenannte Kurator. Der achtet darauf, daß die Kunst an der richtigen Stelle steht und daß ein Katalog erscheint.

DIE HERANWACHSENDEN *(verwundert)* Der?

DER BOTSCHAFTER *(resigniert)* Ja, der.

DIE HERANWACHSENDEN *(den für so ziemlich alles ungeeignet scheinenden Mann betrachtend)* Es wäre heikel, einem solchen Herrn den Schlüssel für einen Wandschrank voller Handfeuerwaffen anzuvertrauen.

DIE VORSITZENDE DER ÖSTERREICHISCHEN BRAUCHTUMSKAMMER Eine äußerst heikle Sache ist allerdings auch die schriftliche Wiedergabe unserer österreichischen Mundarten, insbesondere durch deutsche Autoren.

DIE HERANWACHSENDEN Davon verstehen wir nichts.

DER BOTSCHAFTER I a net.

Ursula Hübner

Eine Stehparty in gehobenem österreichischen Milieu. Ein mächtiger Herr stellt einem zarten Herrn eine namhafte Dame vor.

DER MÄCHTIGE HERR Darf ich Sie mit Ursula Hübner bekannt machen, der Grande Dame der Ursula-Hübner-Werke? *(sich entfernend)* Ich überlasse Sie dann Ihrem Gesprächsschicksal.
DER ZARTE HERR Grüß Gott, gnädige Frau Hübner. Verzeihen Sie, aber die Ursula-Hübner-Werke sagen mir gar nichts!
URSULA HÜBNER Wenn ich sie Ihnen kurz zeigen darf! *(ein Fenster öffnend)* Hier sind sie! Mein Lebenswerk!

Man blickt auf einen regelrechten Wald rußender Schlote.

DER ZARTE HERR Das qualmt ja wie in der sogenannten guten alten Zeit. Was wird denn dort alles hergestellt?
URSULA HÜBNER Kopfschmerztabletten, Champignoncremesuppe, Kondome, Gymnastikkeulen und eulenförmige Buchstützen.

DER ZARTE HERR Dürfte ich vielleicht das Fenster schließen? Meine zarte Bauart erlaubt keine längeren Aufenthalte in rußiger Luft.

URSULA HÜBNER Natürlich! Nicht jeder ist so robust wie ich!

DER ZARTE HERR Ich hoffe, ich habe da keinen wunden Punkt berührt!

URSULA HÜBNER Doch, haben Sie! Aber es macht nichts! *(schauspielerhaft den Raum durchschreitend)* Meine Lebensleistung lasse ich mir von keinem versauen, kleinreden und vermiesen! Weder vom österreichischen Staat noch von irgendwelchen selbsternannten Luftgüteexperten! Ich habe es zu manchem gebracht! Fürwahr! Zu manchem! *(mit furioser Gebärde)* Halb Indien und halb Afrika benutzen meine Kondome.

DER ZARTE HERR ooo Scheinen ziemlich löchrige Kondome zu sein!

URSULA HÜBNER Sogar der russische Präsident Putin …

DER ZARTE HERR *(erschrocken)* ooo Die gute Frau droht geschmacklos zu werden!

URSULA HÜBNER … hat in seiner Datscha ein Paar meiner eulenförmigen Buchstützen!

DER ZARTE HERR *(erleichtert)* ooo Ach so!

URSULA HÜBNER Aber in einem Punkt mache ich mir nichts vor: Die Ursula-Hübner-Werke müffeln.

DER ZARTE HERR *(konziliant)* Ein wenig schon!

URSULA HÜBNER Sie brauchen mich nicht zu schonen! Ich weiß es durchaus: Die Ursula-Hübner-Werke müffeln nicht unerheblich! Sie müffeln gewaltig!

DER ZARTE HERR *(nach ihrer Hand greifend)* So manches auf der Welt müffelt. Sogar die Natur! Denken Sie sich nur mal einen Strand voll faulender Riesenseesterne! Seien Sie bitte nicht allzu bekümmert!

URSULA HÜBNER *(die Hand abwehrend)* Hätten Sie vielleicht auch noch einen anderen Vorschlag zur Beendigung meiner Misere, als daß ich mir einen Strand voll faulender Riesenseesterne vorstellen soll?

DER ZARTE HERR Nehmen Sie sich doch einen Umweltbeauftragten!

URSULA HÜBNER Ach kommen's! »Umwelt« gibt's doch gar nicht mehr! Das heißt doch jetzt alles »Klima«!

DER ZARTE HERR Wie's heißt, ist doch egal! Was früher »Manipulation« hieß, heißt heute »Sozialkompetenz«. Wo man früher »Das gehört sich nicht« sagte, sagt man heute: »Das geht gar nicht«, und derjenige, der früher Hausmeister genannt wurde, heißt heute »Facility Management MitarbeiterIn Direktobjektbetreuung«. Ist doch egal. Hauptsache, dem Müffeln wird Einhalt geboten.

URSULA HÜBNER Sie haben recht! Aber woher den Klimafritzen, Schrägstrich, die Klimatante nehmen?

Der zarte Herr öffnet ein Fenster an der anderen Seite des Raumes. Die markante Silhouette eines Jobcenters hebt sich klar und optimistisch von einem stahlblauen Himmel ab.

DER ZARTE HERR *(aufs Jobcenter deutend)* Hier werden Sie passende Leute finden.
URSULA HÜBNER Ach, was die einem immer schicken! Unpünktlich, unrasiert, dauernd erkältet, müffelnde Turnschuhe, und noch nicht mal Französisch können sie! Kenn ich alles! Kein Bedarf!
DER ZARTE HERR Und wie wär's mit mir?
URSULA HÜBNER Könnte man ganz ungezwungen in dieses oder jenes Auge fassen!
DER ZARTE HERR Was zahlen Sie mir?
URSULA HÜBNER Drei sieben!
DER ZARTE HERR Mit oder ohne?
URSULA HÜBNER Mit!
DER ZARTE HERR *(freudig winkend)* Na, dann bis nächste Woche oder so!

DER ZARTE HERR *(das Haus verlassend)* ००० Jetzt habe ich ganz vergessen zu fragen, mit oder ohne was. Naja, werde ich dann ja sehen.

PS: Die Malerin und Kunstprofessorin Ursula Hübner, wohnhaft in Wien, lehrend in Linz, empfindet es als nette Abwechslung, einmal nicht, wie sonst immer, als achtbare, frohsinnverbreitende und bedeutende Künstlerin von höchstem Gerechtigkeitssinn dargestellt zu werden, sondern als lebensraumvergiftende Fabrikbesitzerin mit dünkelhaften Ansichten über Arbeitslose. Des weiteren empfiehlt sich die ausgezeichnete Homepage der vom Autor dieses Buches persönlich und künstlerisch hochgeschätzten Malerin.

Ein lebensfrohes Fachgespräch kippt um

Drei aufgeschlossene Wissenschaftlerinnen treffen sich zu Kaffee, Kuchen, Süßwein und lebensfrohem Fachgespräch.

ERSTE SEXUALHISTORIKERIN Dildos gibt es meines Wissens erst seit den Olympischen Spielen in München 1972. Aber irgendwas reingeschoben hat sich die werte Damenwelt wahrscheinlich auch vor tausend Jahren schon.

ZWEITE SEXUALHISTORIKERIN Was denn?

ERSTE SEXUALHISTORIKERIN Bananen noch nicht, oder?

DRITTE SEXUALHISTORIKERIN Nein. Die ersten Bananen sind erst nach dem Ersten Weltkrieg nach Europa gekommen, aus den USA, obwohl sie auch dort nicht heimisch sind. Die Banane ist, genau wie der Tomatensaft, ein Kind des Jazzzeitalters.

ZWEITE SEXUALHISTORIKERIN Meinst du?

DRITTE SEXUALHISTORIKERIN Du ahnst ja nicht, wie oft Bananen in den Songs des klassischen Jazz-Repertoires Erwähnung finden.

ERSTE SEXUALHISTORIKERIN Und Gurken?

DRITTE SEXUALHISTORIKERIN Stammen meines Erachtens ursprünglich aus Indien.

ERSTE SEXUALHISTORIKERIN Um Himmels willen. Dann eben Möhren!

ZWEITE SEXUALHISTORIKERIN Möhren hat erst Heinrich der Löwe in der Magdeburger Börde angesiedelt!

ERSTE SEXUALHISTORIKERIN Blieben noch Besenstiele!

DRITTE SEXUALHISTORIKERIN Besen haben erst seit dem 13. Jahrhundert Stiele.

ZWEITE SEXUALHISTORIKERIN Mein Gott! Gab's denn früher nichts, was länglich und hart war?

ERSTE SEXUALHISTORIKERIN Doch! Penisse!

ZWEITE SEXUALHISTORIKERIN Na klar, the »real thing« – aber was tat man, wenn »the real thing« gerade auf einem Schlachtfeld verblutet war? Womit behalf man sich dann?

DRITTE SEXUALHISTORIKERIN Mit Tannenzapfen, fürchte ich.

DIE ANDEREN BEIDEN Och nö! Nicht mit Tannenzapfen! Bitte sag uns, daß das die Ausgeburt der Phantasie einer verrücktgewordenen Sexualhistorikerin ist.

DRITTE SEXUALHISTORIKERIN Leider nicht! Tannenzapfen! So leid es mir tut! Tannenzapfen! So war es nun einmal leider Gottes!

ERSTE SEXUALHISTORIKERIN *(sich trotzig ein besonders großes Stück Nußkuchen zum Munde führend)* Krieg ist widerlich.

ZWEITE SEXUALHISTORIKERIN Also, kennt ihr das Gefühl, daß es an manchen Tagen überhaupt keinen Spaß macht, Sexualhistorikerin zu sein?

DIE ANDEREN BEIDEN Ja, das kennen wir sehr gut!

Erläuterungen zum Stand der Dinge

Ein sehr kultiviert wirkender älterer Herr, Experte für irgendwas, wissenschaftlicher Berater, sicher auch Mitglied der einen oder anderen Akademie, tritt mit einer tropfenden Mülltüte in der aus leichtem Ekel weit von sich gestreckten Hand in einen typischen Berliner Hinterhof.

DER PROFESSOR ∘○○ So so, das nennt sich also tropfdicht! *(den tropfenden Beutel in eine Tonne werfend)* Verblüffend, unsere Sprache! Und nicht nur verblüffend! *(weiter über den Hof gehend)* Daß »im Hof« etwas so grundlegend anderes ist als »am Hof« – das ist geradezu spektakulär. *(durch die Haustür aus der Stille auf die geräuschvolle Straße tretend)* Aber ob »am Hof« den Menschen nach Jahrzehnten Republik überhaupt noch etwas sagt? Apropos Republik: Die Wahrscheinlichkeit, daß Helmut Kohl und Helmut Schmidt am selben Tag sterben, ist elftausendmal höher als die, daß man bei einem Flugzeugunglück höchstpersönlich ums Leben kommt. *(die belebte Straße entlanggehend)* Oder sogar zwölftausendmal höher. Man weiß es ja nicht. Obwohl … *(schmunzelnd)* … einer der Kollegen, die ich gleich treffen werde, wird es sicher ganz genau wissen.

Ganz genau! Schade, daß es keine Zeitungsjungen mehr gibt!

IMAGINÄRER ZEITUNGSJUNGE Altkanzler-Massensterben! Altkanzler-Massensterben!

DER PROFESSOR *(einen Zebrastreifen überquerend)* ∘∘○ Die Sprachfritzen würden sich gegenseitig die Schnauzen polieren, weil sie sich uneins sind, ob »Altkanzler-Massensterben« Wort oder Unwort des Jahres werden soll. *(schmunzelnd)* Ob heute noch jemand »Schnauzen polieren« sagt? *(auf die Armbanduhr sehend)* Aber allmählich sollte ich mal zu meiner wissenschaftlichen Pressekonferenz gehen. »Wissenschaftlich« in Gänsefüßchen. In ganz dicken Gänsefüßchen leider. *(ein Konferenzzentrum betretend)* Da wäre ich dann also. *(eine Art Assistentin erblickend, die aufgeregt auf ihn zurennt)* Werde offenbar schon sehnlichst erwartet. Für einen Herrn meines Alters nicht unangenehm eigentlich!

ASSISTENTIN *(äußerst aufgeregt, einen Haufen »Unterlagen« unterm Arm)* Da kommen Sie ja endlich, Dr. Voelkel. Der Saal ist schon voll am Murmeln.

DR. VOELKEL Vögel müssen singen, Nasen müssen niesen, Säle müssen murmeln! Und auch heute sollen die Herrschaften nicht umsonst gemurmelt haben!

DIE ASSISTENTIN *(sich etwas vorstellend, was sie bislang für ausgeschlossen gehalten hat, nämlich eine Liaison mit einem entspannten und humorvollen älteren Herrn)* ooo Wie entspannt und humorvoll Dr. Voelkel immer ist!

Auf dem Podium. Ein Tisch, drei Mikrofone. Zwei Herren, eine Dame, alle mittelwichtig bis richtig wichtig. In der Mitte Dr. Voelkel.

DIE WICHTIGE DAME Meine Damen und Herren! Dr. Voelkel wird gleich einige Erläuterungen zum Stand der Dinge kundtun.
DR. VOELKEL Meine Damen und Herren, es hat sich nun folgendes Bild ergeben: Menschenhände werden, während wir schlafen, leicht giftig.

Man hört das langsame Kratzen der Bleistifte der Journalisten. Sie kratzen extrem langsam, weil sie es nicht mehr gewöhnt sind, sich handschriftliche Notizen zu machen. Doch Smartphones sind verboten bei der Veranstaltung.

DR. VOELKEL *(irritiert über das extrem langsame Bleistiftgekratze der Journalisten)* Also, wie gesagt, unsere Hände werden ganz allmählich giftig, während wir schlafen. Allerdings eben nur leicht giftig. Wie Rhabarber oder Mangold etwa.

DIE WICHTIGE DAME Selbst Kochsalz ist in großen Mengen giftig.

DR. VOELKEL *(gönnerhaft)* Danke, Frau Dr. Spatz.

Unendlich langsam kratzen die Pressevertreter auf ihren Blöcken herum. Eine Journalistin im Auditorium ist aufgestanden und macht freudig räuspernd auf sich aufmerksam.

DIE JOURNALISTIN Margot Silbermann, Süddeutsche Zeitung: Sollte man sich also die Hände waschen, bevor man seine Kinder streichelt?

DR. VOELKEL Morgens ja. Wir haben errechnet, daß Eltern, die ihre Kinder vor der morgendlichen Dusche zehn Jahre lang täglich eine Stunde streicheln, deren Lebenserwartung um eine Dreiviertelstunde senken.

Ein Journalist erhebt sich.

DER JOURNALIST Christopher Wurmdobler, Der Falter, Wien. Aber das merkt doch eh kein Mensch, wenn die Kinder 45 Minuten kürzer leben.

DR. VOELKEL Eh nicht! Zumal Sie ja zum Zeitpunkt des Todes Ihrer Kinder wahrscheinlich selber schon tot sind. Verzeihen Sie, wenn ich das so unumwunden ausspreche.

CHRISTOPHER WURMDOBLER Paßt schon!

DR. SPATZ Außerdem ist es in einem rein emotionalen Sinne immer noch besser, Sie streicheln Ihre Kinder mit leicht giftigen Händen als gar nicht. Das sage ich als Mutter, aber eben auch als Bürgerin dieses Staates.

DER ANDERE WICHTIGE HERR AUF DEM PODIUM *(der bislang noch gar nichts gesagt hat)* Das sind ja ganz neue Töne von Ihnen, Frau Dr. Spatz. Ich erinnere mich noch sehr gut daran, daß Sie 1978 bei einer öffentlichen Veranstaltung in Neu-Niederkirchenbach gesagt haben: Ich scheiß auf diesen Staat!

DR. VOELKEL *(seinen Papierstapel auf Kante stoßend)* Das ist ein schönes Schlußwort.

Veröffentlicht im Rowohlt Taschenbuch Verlag,
Reinbek bei Hamburg, April 2017

Lektorat Wilhelm Trapp
Entwurf und Kalligrafie des Schutzumschlags Frank Ortmann
Typografische Innenausstattung Martin Z. Schröder
Satz aus Minion Pro, Avenit Next, Adana und Old English
bei textformart, Göttingen
Druck und Bindung CPI books GmbH, Leck, Germany
ISBN 978 3 499 27173 1